Werner Koch

REINKARNATION

Heilung aus der Vergangenheit

Eine praktische Anleitung
zum Aktivieren der befreienden
Kräfte aus früheren Leben

WINDPFERD

Verlagsgesellschaft mbH.

1. Auflage 1992
2. Auflage 1994
© 1992 by Windpferd Verlagsgesellschaft mbH, Aitrang
Alle Rechte vorbehalten
Umschlaggestaltung: Wolfgang Jünemann unter Verwendung
einer Illustration von Berthold Rodd
Gesamtherstellung: Schneelöwe, D-87648 Aitrang
ISBN 3-89385-094-5

Printed in Germany

Inhalt

Vorbemerkung 5
   Der Geist heilt 5

Heilung aus der Vergangenheit 7
   Der Weg nach innen 7
   Die Rückführung, eine alternative Heilweise 13
   Die "heilige Zeit" als Heilfaktor 18

Das Höhere Selbst 25
   Die drei Zustände des inneren Führers
   Gefangen, aktiv oder Höheres Selbst 25
   Aufwachen: Vom Unbewußten zum Höheren Selbst 35
   Heilkraft durch das Höhere Selbst 40
   Die Alchemie der Transformation 43

Unsere Lebenskräfte 47
   Energie von innen 47
   Die Chakren als Gestalter unserer Biographie 49
   Das Wurzel-Chakra - Energie und Lebensbereich 55
   Die Kräfte des Wurzel-Chakras aus den früheren Leben:
   Von Angst zu Urvertrauen 57
   Das Sakral-Chakra - Energie und Lebensbereich 59
   Die Kräfte des Sakralchakras aus den früheren Leben:
   Von karmischer Konfrontation zu Sinnenfreude 61
   Das Macht-Chakra - Energie und Lebensbereich 64
   Die Kräfte des Macht-Chakras aus den früheren Leben:
   Verweigern, Funktionieren, Angesehen sein 66
   Das Herz-Chakra - Energie und Lebensbereich 69
   Die Kräfte des Herz-Chakras aus den früheren Leben:
   Die Entdeckung der Freude 71
   Das Kehl-Chakra - Energie und Lebensbereich 73
   Die Kräfte des Kehl-Chakras aus den früheren Leben:
   Vom Denken zum Wissen 75

Das Dritte Auge - Energie und Lebensbereich 77
Die Kräfte des Dritten Auges aus den früheren Leben:
Ekstase und Genuß 79
Das Kronen-Chakra - Energie und Lebensbereich 81
Die Kräfte des Kronen-Chakras aus den früheren Leben:
Zum Licht... 84

Die individuelle Arbeit mit früheren Leben 87
Die Methode: Heilung durch Einswerdung 87
Unsere drei Energieformen (Gunas) 95
Die Umwandlung karmischer (zerstörerischer) Kräfte 96
Aktivierende und befreiende Kräfte aus früheren
Leben werden integriert und verstärkt 102

Das Tantra des Lebens: Geburt, Liebe, Tod 111
Die tantrische Vision 111
Die Geburt in der Rückführung 117
Das Tantra von Sexualität und Liebe 125
Der Tod in der Rückführung: Metamorphose ins Licht 132
Das Tantra der Erleuchtung im Tod:
Wir sind Kinder des Lichts 146

Heilung als Geschenk 151
Die Ganzheit annehmen 151
Heilung von innen 153
Die drei Heilphasen 161
Heilung als phantastischer Prozeß 161
Gesundheit, Glück und Unsterblichkeit durch
Einklang mit dem Höheren Selbst 170

Schlußbetrachtung 175

Anhang - Hinweise zur Praxis 177

Vorbemerkung

Der Geist heilt ...

Die Praxis der Reinkarnationstherapie zeigt, daß es in uns ein heilendes Prinzip gibt, das genauso wie auch unser Immunsystem wirkt. Diese innere Weisheit sind wir selbst. Sie steuert unsere körperlichen, seelischen und geistigen Bedürfnisse. Erkennen wir dieses Höhere Selbst, leben wir glücklich, harmonisch und gesund. Denn dazu sind wir auf diese Erde gekommen.

Doch noch immer versteht man unter Reinkarnationstherapie zumeist die Beschäftigung mit Schmerz und Leid aus früheren Leben. Dabei wird die Wiedergeburt selbst zu wenig beachtet.

Dieses Buch ist eine Premiere; es beschäftigt sich mit diesem wichtigen, bisher vernachlässigten Bereich: Es zeigt, daß Glück, Gesundheit und Unsterblichkeit existentiell in uns angelegt sind. Diese Erkenntnis läßt uns in eine heilende, spirituelle Dimension eintreten. Der Mensch entdeckt die früheren Leben neu, bekommt Zugang zu seinem geistigen Potential und erkennt den inneren Reichtum seiner Vorleben. Er nimmt Anteil an der Verwirklichung eines alten Traums der Menschheit: Mit Hilfe der Reinkarnationstherapie können wir die Grenzen von Zeit und Raum transzendieren, sowie die Vorgänge um und nach dem Tod selbst erfahren. Dazu kommt die Einweihung in tantrisch-liebevolles Annehmen aller Lebensvorgänge. Wir verstehen von neuem die aufbauenden Kräfte in unseren Energiezentren (Chakren) im Licht der Wiedergeburt. Es ist möglich, mit jedem Menschen sanft und ohne negative thematische Vorgabe wie Krankheit, Angst oder neurotische Zwänge auf die Reise in die früheren Leben zu gehen. In einer materiellen Zeit, die viele Menschen in ihren Bann gezogen hat, wird so durch die Rückführung ein sehnsüchtig erwarteter spiritueller Erkenntnisweg ermöglicht. Mein Wunsch ist es, daß die Lektüre dieses Buchs eine Reise zum Selbst wird, aus der man, wie bereits meine Klienten, innerlich gestärkt hervorgehen wird. Zu erkennen, was wir sind, ist die beste Therapie.

Rheinau-Freistett, Januar 1992
Werner Koch

Heilung aus der Vergangenheit

Der Weg nach innen

Jeder Mensch hat seinen inneren Heiler. Um sein Potential zu nutzen, sollten wir die Kräfte, die wir aus unseren früheren Leben beziehen, besser kennenlernen. So können wir unser Unterbewußtsein in ein positives und hilfreiches Überbewußtsein transformieren. Wie uns die Reinkarnationstherapie als spirituelle Hilfe dabei unterstützt, ist Thema dieses Buches.

Zuerst möchte ich meinen Dank und meine Freude über die vielen wunderbaren Erfahrungen ausdrücken, die zu diesem Buch geführt haben. In den Sitzungen, die ich im Verlauf meiner langjährigen Arbeit mit früheren Leben durchführte, war ich meinen Klienten Begleiter durch unsere gesamte Menschheitsgeschichte. Ich habe mit Menschen gesprochen, die sich in ihrer Rückführung als Fisch in einem Korallenriff, als Vogel über Wäldern schwebend, als Steinzeitmensch, als Druide in Britannien bis hin zur Generation vor uns in Autos und Flugzeugen erlebten. Klienten haben mir ihre Erfahrungen geschildert, wie sie nach einem Tod aus dem Körper gingen und was sie erkannten, bis sie sich wieder inkarnierten.

All dies ist das Werk des inneren Heilers, der uns sicher von Leben zu Leben und zu immer besseren Erfahrungen führt. Er kennt und verwaltet den Reichtum aus Jahrmillionen, der in uns schlummert. Dazu habe ich Techniken entwickelt, wie Menschen ganz frei und ohne thematische

Vorgabe in ihre früheren Leben gelangen können. Sie öffnen sich vertrauensvoll ihrem inneren Führer, der weiß, was für sie zur Bearbeitung ansteht.

Ich möchte mit diesem Buch praktisch zeigen, wie hilfreich es für geistig suchende Menschen sein kann, sich in ihren vergangenen Formen wiederzuentdecken. Wenn wir unser Wesen erkennen, das auf dem Weg durch die Existenzen in uns gewachsen ist, können wir uns neu annehmen und verstehen.

In diesem Sinn sieht sich die Reinkarnationstherapie als:

1) aufdeckende Hilfe: Man erkennt Geschehen aus früheren Leben, und daß sie noch in uns wirken, ohne daß wir uns ihrer bewußt sind.

2) Hilfe zur Selbstfindung: Negative Geschehnisse wie auch positive Erinnerungen werden mit dem Menschen verbunden, der sie erlebte, so kann eine bewußte Wirklichkeit aufgebaut werden. Der Klient wird zum Mittelpunkt des eigenen Tuns.

3) Betreten von Innenräumen, die 'anders' sind: Dies führt zur Weckung von geistigen Kräften, mit denen andere Bewußtseinszustände (totale Freiheit, Entgrenzung, Losgelöstheit, Lichterfahrungen etc.) erreicht werden. Solche Zustände zu erfahren, war immer schon Gegenstand von Initiationen, schamanischen Riten oder von Meditationen. Diese führen von existentiellen Ängsten und Krankheiten weg zu Vertrauen und Zuversicht in die natürlichen und gleichzeitig geistigen Abläufe, in die wir gestellt sind.

Es genügt also nicht, Menschen einfach nur in vergangene Existenzen zurückzuversetzen, wir wollen wissen und spüren: Wozu leben wir, wozu die vielen Leben, wohin werden wir geführt? Wichtig ist also nicht nur, was wir in früheren Leben waren, sondern mehr noch, wie unser innerer Führer die Botschaften aus früheren Leben immer wieder neu inszeniert und aktualisiert. Man hat ausgerechnet, daß unser jetziges Hirn die Speicherkapazität eines Computers hat, der zweihundert Stockwerke hoch ist und die Fläche von ganz Deutschland bedeckt! Dies braucht es auch, um unsere früheren Leben zu speichern. Unser innerer Führer muß ein Gefühl für sich selbst (einen roten Faden) bewahren, indem er seine Anliegen und Prioritäten immer weiter verfolgt. Dadurch verliert er sich nicht. Er ist so das ordnende Überbewußtsein in unserem gesammelten Unterbewußtsein!

Auf dieses Überbewußtsein kommt es an, es soll uns Glück und Zufriedenheit bescheren. Bei näherem Hinsehen erkennen wir: Es führt uns auf drei Schienen. Diese entsprechen der alten Dreiheit Körper-Seele-Geist (Sanskrit: Sat-Chit-Anand): Wieder und wieder benötigen wir einen gesunden materiellen Körper für unser Sein (Sat), ein individuelles Bewußtsein, durch das wir uns spüren (Chit), und wir haben Teil an einer geistigen Dimension, mit deren Hilfe wir auch ekstatisch über den Dingen stehen können (Anand, auch Freude). Wenn diese drei Grundbereiche harmonisch verbunden sind, dann leben wir in Gesundheit, Bewußtheit und Glück. Theoretisch hört sich das ganz einfach an, aber der Dreiklang Körper-Seele-Geist kann auch gestört sein. Dies zeigt sich dann sofort in der Rückführung.

Störungen im körperlichen Bereich

Von früheren Leben her (Unfälle, Verletzungen) können Anlagen vorhanden sein, die sich bis heute als Problemstellen im Körper zeigen. In früheren Leben verletzte Organe oder Körperteile sind heute geschwächt oder krank. Nach Rückerleben der ursprünglichen Schädigung sprechen diese Bereiche besser auf Heilverfahren an, werden aktiviert, es kann sogar zu Spontanheilungen kommen.

Störungen im seelischen Bereich

Im seelischen oder emotionalen Bereich blicken wir auf positive oder negative Einwirkungen zurück. Emotional positiv sind in uns frühere Erfolge, Glück, Liebe und Hilfe durch andere Menschen gespeichert. Negative Einstellungen wirken in uns als Folge von Kränkungen, Enttäuschungen, Schmerz, Leid, Ausbeutung etc. nach. In der Rückführung kristallisieren sich die seelischen Grundenergien heraus, wobei einstige gute Einflüsse dem heutigen Menschen Freude und Kraft geben, während die Auswirkungen negativer Einflüsse zur Aufarbeitung in diesem Leben anstehen (siehe Kapitel: Umwandlung karmischer Kräfte).

Probleme im geistigen Bereich

Viele Menschen befinden sich heute auf der Suche nach Transzendenz. In allen Mythen und auch in den Rückführungssitzungen erscheint wieder und wieder ein Bild der ursprünglichen Einheit allen Seins, von lichthafter Existenz und paradiesischer Unschuld. Nicht wenige meiner Klienten gelangten zu solchen Erfahrungen, und sie wissen nun, warum sie bisher mit der bloßen Alltagsbewältigung unzufrieden waren. Doch nach den Sitzungen fühlen sie sich dann mit einem Leben, das sie zuvor als banal oder sinnlos empfanden, ausgesöhnt und von innerer Unruhe und Unzufriedenheit erlöst. (Eine Klientin drückte das so aus: "Für mich gibt es keinen Unterschied mehr zwischen Frühstück und Mystik ...")
Für mich war es eine große Erfahrung zu spüren, wie dieser innere Heiler in jedem Menschen am Werk ist und ihm seinen Weg zeigt. Wenn der Übende sich vertrauensvoll in die Sitzungen einläßt, wird sein innerer Heiler die Schwer-

punkte in der richtigen Reihenfolge setzen, damit es zur Klärung von wichtigen Prozessen kommt. Dabei gestehe ich dem Rückgeführten jede Freiheit zu. Ohne diesen inneren Heiler wären unsere Leben sinnlos und Rückführungen eine unnötige Spielerei. Wir finden damit auch einen Ausweg aus der Sackgasse, in die das heute noch vorherrschende materialistische Menschenbild geführt hat. Dieses besagt, daß ohne materiellen Körper (Hirntätigkeit) kein Leben und keine Erfahrungen möglich sind. Doch in Krankenhäusern erforscht man bereits außerkörperliche Erfahrungen als OBEs, *Out-of-body-experiences*: Menschen berichten detailliert, wie sie aus der Perspektive von außerhalb ihres Körpers Operationen beobachteten und dann wieder im Körper weiterlebten. Meine Klienten können dies bestätigen. Auch sie überlebten frühere Tode, indem sie ihre Körper verließen, um in ganz anderen Realitäten von Leichtigkeit und Licht weiterzuleben. Immer wieder habe ich so die Freude, Menschen praktisch zu zeigen, daß der Tod nur Wandel, aber kein Ende ist. Je nach Wichtigkeit sucht unser innerer Heiler in der Rückführung die folgenden Bereiche wieder auf:

Der Lebenswirbel, Erfahrungen werden gespeichert

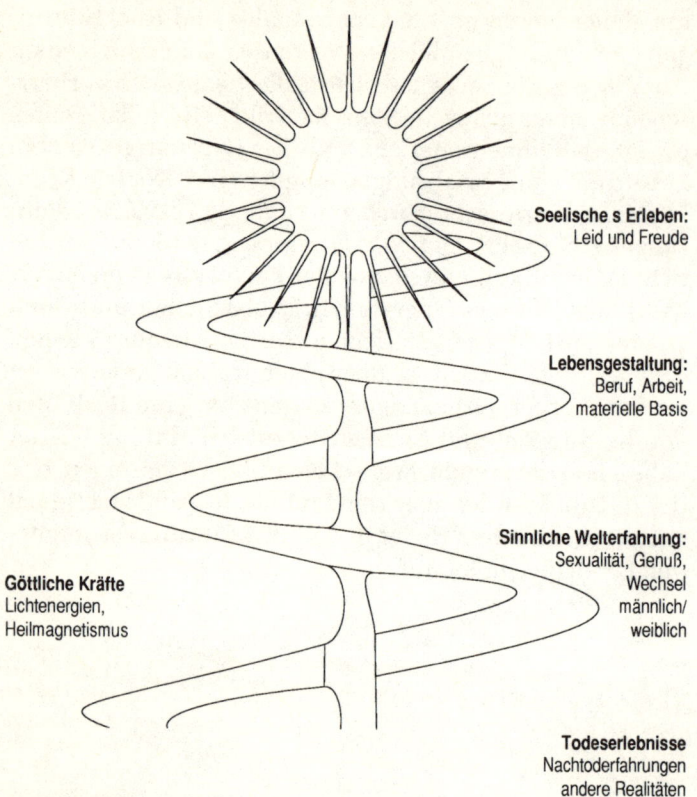

Seelische s Erleben:
Leid und Freude

Lebensgestaltung:
Beruf, Arbeit,
materielle Basis

Sinnliche Welterfahrung:
Sexualität, Genuß,
Wechsel
männlich/
weiblich

Göttliche Kräfte
Lichtenergien,
Heilmagnetismus

Todeserlebnisse
Nachtoderfahrungen
andere Realitäten

Pränatales Leben:
Körperaufbau im Mutterleib

Die Rückführung, eine alternative Heilweise

Die Rückführung ist eine positive, geistige Erfahrung. Dies wurde bisher noch zu wenig erkannt. Wer alternativ heilen (oder geheilt werden) will, muß die traditionelle Fixierung der Medizin auf die Krankheit als negatives Phänomen aufgeben. Bislang wurde meist nur eine Spur zu belastenden Ereignissen aus früheren Leben gelegt, die heute noch Ängste, Zwänge oder psychosomatische Beschwerden bewirken. (Dethlefsen, Netherton)

Das Wiedererleben dieser Belastungen bedeutete Aufarbeitung und Symptomheilung. Somit wurde der Ansatz der traditionellen westlichen Heilweisen übernommen. Man kümmerte sich nur um Unangenehmes aus früheren Leben. Ein Arzt, der nach Netherton arbeitet, sagte einmal zu mir: "Wenn jemand kein Symptom hat, kann ich nicht mit ihm arbeiten." Er sieht Heilung nur symptombezogen.

Ein ganzheitlicher Ansatz geht jedoch viel weiter. Unser innerer Heiler möchte frei und gut mit der Welt kommunizieren und so einen gesunden und glücklichen Lebenszustand erreichen. Er benutzt jedoch Krankheiten, um uns weiter zu entwickeln. Ein kleines Beispiel am Rande, um dies zu illustrieren: Eine Klientin fuhr nach zwei sehr bedeutsamen Einzelsitzungen nach Hause, 'mußte' danach zwei Tage mit Hexenschuß (was sie noch nie zuvor hatte) im Bett verbringen und konnte so die Sitzungen ungestört aufarbeiten. Es war eine Krankheit nach Maß, denn anschließend fühlte sie sich bestens. Krankheiten sind also nicht böse oder gemein, sie entstehen oft aus einer Sehnsucht nach dem Guten. Wenn diese Sehnsucht unterdrückt wird, macht sie uns krank, nervös oder depressiv.

Der Wunsch nach Gesundheit ist der Urgrund jeder Krankheit. Unser innerer Heiler muß dabei über alle Existenzen hinweg ein Gefühl für das behalten, was er will, und wenn er nicht manchmal protestieren könnte, wären wir Maschinen, die unter allen Umständen funktionieren. Um diesen inneren Heilungswillen geht es in der Reinkarnationstherapie. Dieses positive heilende Prinzip ist sehr oft klüger als wir selbst, auch wenn es uns "einen Hexenschuß" schickt.

Grundlage jeder geistigen Therapie ist somit Vertrauen in die Tatsache, daß der Geist den Menschen positiv formt und führt. Diesen Geist nenne ich hier den inneren Heiler. Er zeigt uns an, was zu tun ist. Doch wie man einem Thermometer nicht böse sein wird, wenn es Minusgrade ausweist, so wenig sollten wir dem inneren Heiler grollen, wenn er uns auf unerledigte Aufgaben hinweist. Wir leben, um Dinge abzuschließen, indem wir sie ins Positive transformieren. Ein Beispiel: Wenn jemand in einem Gefängnis ist, muß er sich dort mit vielen negativen Einflüssen auseinandersetzen. Dann wird er entlassen, findet sein Glück, doch möglicherweise, "zieht" es ihn wieder zurück zu diesem Gefängnis. Er fährt hin, hält Zwiesprache mit diesem Ort und spürt, er ist jetzt endlich wirklich frei - somit löst er einen Bann (Zwang), der ihn seit der Entlassung begleitet hat. Vom großen Regisseur Alfred Hitchcock ist bekannt, daß er seit seiner Jugend an panischen Ängsten litt - doch statt diesen auszuweichen (etwa in einen sicheren Job), drehte er ein Leben lang Filme, deren Mittelpunkt Angst war. So therapierte er sich. Sein innerer Heiler gab ihm die Aufgabe, ein großer erfolgreicher Spezialist für filmische Angst zu werden! Alle Menschen haben diesen inneren Heiler, auch wenn sie sich nicht für geistige Dinge zu interessieren scheinen. Sie tun, was ihr Heiler ihnen aufträgt, anderenfalls werden sie krank.

Um dieses - ich wiederhole - positive Prinzip geht es in

diesem Buch. Es gibt es wirklich! Mehrere Klienten sahen und spürten es nach einem Tod in einem früheren Leben, es war wesenlos und dennoch voller Liebe, voll Verständnis und von absoluter Reinheit. Auch Menschen, die klinisch tot waren und bereits über ihrem Körper schwebten, spürten es - auch sie hatten Kontakt mit einem Wesen, einer Stimme oder dem Bild einer Situation, die noch zu erledigen war, dann kehrten sie wieder in den Körper zurück, wurden gesund - und ihr Leben erfüllte sich im Sinn dieses inneren positiven Bewußtseins ...

Es ist eine Gnade zu erfahren, daß wir die Ausformung, die Inkarnation dieses positiven Prinzips sind. Es kann durchaus streng mit uns sein, wenn wir unbewußt leben und unsere Hausaufgaben nicht machen, doch bevor es zu Krankheiten kommt, schickt es Träume, Ideen und Visionen. Erst wenn man diese nicht beachtet, greift es zu härteren Methoden. Es will ja, daß es IHM durch uns gut geht! Eine meiner Klientinnen hatte Krebs, die Ärzte gaben ihr nach der Operation nur noch wenige Wochen zu leben, doch sie hatte in der Krankheit erkannt, was zu tun war: sie löste sich von den Ansprüchen ihrer Familie, reiste nach Indien, begann ein freieres Leben. Heute ist sie gesund und glücklich - in den gleichen Strukturen wie vorher! Es ist also sehr klug, das Wirken dieses inneren Heiler verstehen zu lernen, und genau das erlaubt die Rückführung.

Dabei ist es schade, wie wenig die 'offiziellen' Therapien diesen inneren Heiler anerkennen. Zu Beginn meiner Tätigkeit glaubte ich noch, die Reinkarnationstherapie würde die normale Psychologie oder Medizin verbessern, indem sie sich mit 'wissenschaftlichen' Methoden ergänzend verbinden könnte. Doch beide Ansätze sind grundverschieden und sollten sich klar auf ihre gegensätzlichen Grundlagen besinnen, um auf ihrem Terrain optimal zu wirken. Westliche Heilmethoden gehen davon aus, isolierte, krankmachende Faktoren zu finden, um dann die von diesen Faktoren 'verursachten' Symptome auszumerzen. Der spirituelle Ansatz sieht die Gründe für Erkrankungen im Individuum selbst angelegt. Die traditionelle Medizin schafft äußerlich Abhilfe wie beim Straßenverkehr, wo man Ampeln und Verbotsschilder aufstellt und Kreuzungen entschärft. Die alternativen Methoden dagegen arbeiten wie eine Verkehrserziehung, die eine andere innere Einstellung zum Fahren bewirkt und so die Zahl der Unfälle senkt. Vergleichend seien nun traditionelle Medizin (allopathisch, materialistisch, wissenschaftlich) und Reinkarnationstherapie (individuelle Verantwortung wird verstanden und angenommen) gegenübergestellt.

Der alternative Heiler geht auf die Kräfte im individuellen Menschen ein, und seine Frage ist: wie kommt es, daß ein Mensch ein Symptom produziert oder 'braucht'. Grundlage der Reinkarnationstherapie ist, daß wir die Kräfte besitzen, die uns helfen wollen. Es sind die gleichen Kräfte, die uns auch 'krank' machen können. Sie sind immer da, ob wir sie in der Rückführung bewußt machen oder nicht. Die Aufgabe des heilenden Prinzips jedes Menschen ist es, diese Kräfte so einzusetzen, daß wir das Leben immer unbelasteter und vertrauensvoller als hilfreichen, heilenden Vorgang genießen können.

Wie sieht man	Die Rückführung als geistige Heilweise	Die Medizin als generelle Heilweise
Das Unbewußte:	Individuell, nicht nur archetypisch, Heilung durch Ansprechen von Inhalten aus früheren Leben	Genetisch, ererbt, angeboren. Keine Übertragungen aus früheren Leben.
Krankheiten:	Können aus früheren Leben stammen, sind eigene 'Leistungen' des Menschen auf seinem Lebensweg	Schlagen mechanisch zu, werden ebenso mechanisch durch generell wirksame Heilmittel bekämpft.
Die Sinnfrage:	Heilen heißt das Leben ganzheitlich Verstehen	Sinnfrage ist philosophisches Randproblem, für Medizin bedeutungslos.
Ego:	Nicht relevant. Soll relativiert, dekonditioniert werden. Loslassen ist heilsam.	Hilft bei Leistung, Durchsetzung im Konkurrenzkampf. Ich-Schwäche ist fast krankhaft.
Transzendenz:	Lichterscheinungen, kosmische Erfahrungen, geistige Welten sind real und hilfreich.	Ekstase, paranormale Erscheinungen sind Wahnvorstellungen, Ergebnisse fehlerhafter Hirnströme, Halluzinationen ohne Wirklichkeitsanspruch.
Lehre von der Wiedergeburt:	Der geistig Suchende sollte aus eigener Erfahrung Wissen über frühere Inkarnationen haben.	Wiedergeburt ist kein wissenschaftliches Thema. Nur etwas für Theologen, an Spekulationen Interessierte.
Beginn des Bewußtseins:	Sehr früh, evtl. seit Anbeginn der Evolution.	Im Kleinkindkörper, d.h. mit der frühesten Erinnerung Erwachsener.
Heilung:	Heilung durch Selbsterkenntnis, mündige Mitarbeit. Mitverantwortung verstehen.	Krankheit ist Fremdkörper. Eigenanteile des Patienten werden nicht angenommen. Passive Haltung des Patienten.
Eigenen Anspruch:	Dienende Annäherung an Absolutheiten wie Leben und Tod, Göttliches und Profanes.	Relative Erscheinungen wie gesund/krank, Wohlbefinden / Leiden werden verabsolutiert und vermeintlich beherrscht.

Die 'heilige Zeit' als Heilfaktor

Die traditionellen Heilungen in der allopathischen Medizin geschehen linear, das heißt, eine Krankheit wird von Punkt A, ihrem Ausbruch, bis zum Punkt B, der Symptomlinderung oder Gesundung, begleitet. Die Krankheit dauert eine gewisse Zeit, und dann ist sie erloschen. Der Religionsphilosoph Mircea Eliade berichtet, daß bei geistig inspirierten Heilungen auch die Zeit außerhalb der akuten Erkrankung eine Rolle spielt: Ein Kranker wird in die Zeit vor der Erkrankung zurückversetzt, oder man rezitiert über Heilmitteln alte Formeln der Schöpfungsgeschichte, der Erkrankte erhält dann Medikamente, von denen angenommen wird, daß sie aus einer Zeit stammen, die weit vor der Erkrankung liegt. Die Medikamente können als so alt wie die Welt selbst angesehen werden. Die Wirkung solcher Praktiken kann man ganz einfach verstehen. Wenn jemand Zugang zu einer Zeit erhält, in der es den Grund oder Wunsch zu seiner Krankheit nicht gibt, kann diese Krankheit auch nicht existieren. Jede Form von Ekstase ist im Prinzip ein heilendes Hinausgehen aus dem täglichen Druck in eine andere Welt, in eine andere Zeit oder in andere Wahrnehmungen.

Auch der Rückgeführte erhält Zugang zu dieser heiligen Zeit, welche die Urmutter allen Geschehens ist. Er erlebt sich alt, jung, arm, reich, in verschiedenen Formen früherer Existenzen. So bekommt er ein Gefühl dafür, daß alles, was ihm in der linearen Zeit geschieht, ein Ausdruck der immer wiederkehrenden heiligen Zeit und ihrer schöpferischen Energien ist. Er erwirbt dadurch eine neue Einstellung zum Leben als zyklischem Geschehen. Es ist, wie wenn wir Frühling auf Frühling erleben und dann bemerken, es gibt ein immer wiederkehrendes Phänomen Frühling, das wir aber praktisch immer nur als individuelle Form erleben können. In dieser individuellen Realität 'Frühling' verbirgt sich eine Überrealität, die alle bisherigen Erfahrungen von Frühling (auch die aus früheren Leben) einschließt. Ich erlebte dies in der Praxis, als ich buddhistische Mönche in Ostthailand bei Tagesanbruch auf ihrer Almosenrunde begleitete. Da schimmerte ein jahrtausendealtes Ritual zwischen Geber und Nehmer durch, in dem die individuellen Personen nicht mehr wichtig waren. Man versteht den überindividuellen Charakter dieses Rituals sicher gut, wenn ich von einer Episode berichte, die sich dabei zutrug: Vor einem Haus eines Reisbauern bekamen wir jeden Morgen ein Schälchen Tee. Damit hatte es eine besondere Bewandtnis. Vor Jahren erlitt ein alter Mönch immer wieder an diesem Haus, das etwa auf der Hälfte der Strecke lag, einen Schwächeanfall. Die Hausfrau gab ihm dann ein Schälchen Tee, obwohl die Mönche auf ihrer Runde nichts zu sich nehmen durften. Um aber zu zeigen, daß dies keine persönliche Bevorzugung war, bekamen die Begleiter auch Tee. Als der Mönch starb, konnte die Frau den Tee nicht plötzlich absetzen, das hätte bedeutet, der Tee war nur für den einen bestimmt. Sie reichte also weiter den Tee, was wir auch zu genießen wußten. Er war ja eigentlich nicht für uns, und wir bekamen ihn dennoch ... Wir waren so in einer heiligen Zeit unterwegs, die wir erst als solche von der individuellen Zeit unterscheiden lernen mußten.

Betrachten wir wie Eliade Heilung als Anschluß an diese immer existierende, heilige, überindividuelle Zeit, so bedeutet das: Die Ewigkeit allen Geschehens ist immer gesund und bringt den Wechsel von Geburt, Jugend, Alter und Tod hervor. Wir erleben allerdings Teile dieser Ewigkeit individuell als Zeiten, in denen wir krank, unglücklich usw sind. Innerhalb eines historischen Zeitabschnitts ist man krank, aber innerhalb der Ewigkeit ist man immer gesund. Wir sind also selbst daran 'schuld' oder dafür verantwortlich, wenn wir aus diesem ewigen himmlischen Glücksempfinden herausfallen.

Dies ist auch sehr schön im I Ging dargestellt. Ich fragte dieses Buch einmal, was meine Rückführungen bewirkten, und erhielt die Antwort, es sei "Arbeit am Verdorbenen". Verhältnisse seien in Stagnation gekommen, diese Zustände enthalten die Aufforderung zu ihrer Beseitigung. "Was durch Schuld von Menschen verdorben ist, kann durch Arbeit von Menschen wieder gutgemacht werden", heißt es weiter. Dies ist eine wunderbare Aussage zum folgenden Material aus den Sitzungen. Der Leser mag vielleicht einen Schrecken bekommen, denn in den früheren Leben meiner Klienten präsentiert sich doch einiges an Brutalität und Gewalttätigkeit. Doch gerade auch diese dunklen Punkte in der Vergangenheit anzusehen, ist heilsam: "Erst muß man die Gründe kennen, die zum Verderben geführt haben, ehe man sie abstellen kann", und als sei die Methode Zeitreise angesprochen, schlägt das I Ging vor, "... daher Achtung während der Zeit vor dem Anfangspunkt. Das Verdorbene nahm seinen Anfang in der Vergangenheit, dort findet es auch seine Lösung. Durch die Arbeit am Verdorbenen kommt die Welt wieder in Ordnung. Man muß allerdings etwas unternehmen. Das chinesische Zeichen Gu stellt eine Schüssel dar, in deren Inhalt Würmer wachsen. Das bedeutet das Verdorbene."

Wenn in diesem Buch also nicht wenige Schüsseldeckel hochgehoben werden und manchmal auch Schockierendes zutage kommt, ist dies spezifisch für diese Arbeit an der Vergangenheit. Die Klienten erleben sich in ihren früheren Leben, aber dadurch erhalten sie eine überindividuelle, gesündere Einstellung zum Leben. Sie sind nicht mehr nur dem linearen Geschehen ausgesetzt, sie erhalten Zugang zur heiligen Zeit. Sie betrachten intuitiv das Leben wie einen Tempeltanz im heutigen Indien: Der Betrachter weiß, daß jede Geste genau festgelegt und Jahrtausende alt ist, aber er weiß auch, daß der Vorgang des Zuschauens in der Moderne stattfindet.

Im individuellen Geschehen findet im Prinzip heilige Zeit statt. Daß wir geboren werden, unser Leben leben, dann sterben, ist keine Krankheit und keine Belastung, sondern ein ewiges Wunder. Im I Ging wird das so ausgedrückt: "Daß auf jedes Ende ein neuer Anfang folgt, das ist der Lauf des Himmels". Unser Bewußtsein hat also zweierlei Umgang mit Zeit: Entweder es geht durch die lineare Zeit wie ein Schwimmer, der von einer Insel zur anderen schwimmt und dabei jeden Zwischenpunkt selbst durchmißt, oder es hüpft wie ein flacher Stein nur an bestimmten Stellen auf und überspringt den Weg dazwischen. Ähnlich kann unser Bewußtsein von Schlüsselszene zu Schlüsselszene direkt durchschalten und muß die Zeit dazwischen nicht abspulen. In der Rückführung geschieht dies des öfteren so, daß bestimmte Szenen nacheinander kommen, obwohl sie aus verschiedenen Leben stammen, aber die Inhalte (Geliebtwerden, Kampf etc.) sind sich sehr ähnlich. Die Klienten sind dann auch ganz verblüfft und sagen: "Stimmt, ich erlebe mein ganzes Leben wie einen einzigen Kampf oder wie eine einzige Folter!" So hat jeder Mensch Vergleichsserien wie Streit/Streit/Streit ... oder Lebensbedrohung/Lebensbedrohung/Lebensbedrohung ... oder Erfolg/Erfolg/Erfolg ... oder Glück/Glück/Glück ..., die ihn prägen, mit deren Hilfe er sich orientiert. Nichts ist also je ganz vorbei, bestimmte Anstöße setzen diese serienhafte Erinnerung in Gang, ja oft erwarten wir diese schon. Ein Déjà-Vu-Erlebnis scheint uns in eine bestimmte Situation hineinzuversetzen, Einflüsse aus anderen Dimensionen von Zeit spielen in die Jetztwahrnehmung hinein.

Ich möchte eine solche Serie darstellen, die eine Frau sehr

beeinflußte. Sie kam zu mir und wollte etwas über ihre starke Zuneigung zu einem Mann wissen: Es ergab sich, daß sie als Beduinenmädchen eine sehr erfüllte Beziehung zu einem faszinierenden Mann erlebte (L1), als Medizinmann eines Naturvolks hatte sie ein sehr gutes Leben mit zwei Frauen (L2), ein weiteres Leben findet sie als Tänzerin und Liebesmädchen in einem orientalischen Palast, bei einem Fest gibt sie sich einem ähnlich faszinierenden Mann hin, als sie flieht, um ihm wieder zu begegnen, wird sie gefangen und umgebracht (L3). Später ist sie Marketenderin, verliebt sich in einen Soldaten, den sie überall sucht, bis sie von einer Granate getroffen wird (L4). In einem weiteren Leben muß sie zwangsweise abtreiben, nach einem demütigenden Eingriff erhält sie wenig Hilfe vom (verheirateten) Vater des Kindes, sie flüchtet und schlägt sich mühsam durchs Leben (L5). In einem weiteren Leben hat sie ein Liebeserlebnis als Soldat mit einem Mädchen in einer Herberge, sie muß auch wieder gehen und stirbt nach einer Kriegsverletzung (L6). Diese Serie besteht aus Treffen, Liebe, Faszination, Verlust, Unheil, das Hauptmotiv ist "Suche nach dem geliebten Menschen", und in diesem Leben hat sie den faszinierenden Mann aus L1 und L2 wiedergetroffen! Mit diesen Schlüsselszenen, mit denen wir unserem Leben Gestalt geben, beschäftigt sich auch die Psychologie, aber sie erkennt die Gestaltungskräfte aus früheren Leben nicht an. So werden sich viele Menschen immer wieder wundern, warum ihnen ihr Leben wie ein einziger Druck oder eine Not vorkommt, obwohl niemand sie in der linearen Jetztzeit unterdrückt oder unglücklich macht.

"Die Menschheit wäre geheilt, wenn die Menschen nur darauf verzichten könnten, Dinge zu tun, die ihnen sowieso keinen Spaß machen," so oder ähnlich äußerte sich einmal Meister Gurdjieff. Und wenn ich die Lebensläufe mancher meiner Klienten anschaue, muß ich ihm recht geben. Es finden sich Inhalte, die auf den ersten Blick unverständlich wirken: Drogenkarrieren, jahrelange Gefängnisaufenthalte, außenseiterhaftes Zurückweisen der bürgerlichen Normalität, Neigungen zu bestimmten 'Lieblingskrankheiten' und ähnliches mehr. Meist ist es für die Betroffenen selbst unerklärlich, warum sie dieses oder jenes tun müssen. Oft bekommen sie zu hören, "reiß dich zusammen, werde wieder normal", doch genau das gelingt ihnen ja nicht. Mit den Erkenntnissen aus den Rückführungen kann man nun in die Tiefe gehen. So stellte sich heraus, daß jemand immer wieder eingesperrt sein wollte, (als Kind Arrest, später Gefängnis), weil er in früheren Leben zweimal dramatisch eingeklemmt war. Sein innerer Führer erlegte ihm also im jetzigen Leben solche Situationen wieder auf, um sie nachträglich zu bewältigen. Der Klient führte unbewußt eine Desensibilisierungs-Therapie gegen seine Ängste (lebendig begraben, verschüttet sein) mit sich durch. Und wie erleichtert war er, als er nun erfuhr, daß er nicht wirklich kriminell oder asozial war - er hatte äußere Gesetze nur gebrochen, um inneren Gesetzmäßigkeiten zu folgen! Er hatte leiden müssen, aber er hatte sich eigentlich nur seinen inneren Anforderungen gestellt.

Das Gute an der Reinkarnationstherapie in diesen Fällen ist, daß der Betroffene nun mit sich weiterkommt. Statt sich nur verständnislos zu fragen: "Warum passieren mir gewisse Dinge immer wieder, warum schädige ich mich so, wie ich lebe, warum suche ich mir immer wieder Krankheiten oder Unfälle aus ...", wird durch die Informationen aus der Rückführung klar: Eine innere Weisheit ist am Werk. Es war sogar mutig und ehrlich, unerklärlichen Eingebungen zu folgen, um etwas aufzuarbeiten.

Und wenn die inneren Motive erkannt sind, die zu selbstschädigendem Verhalten geführt haben, kann man sich alptraumhafte Wiederholungen unangenehmer Situationen ersparen. Bislang unerklärliche Zwänge und Negativitäten waren selbstauferlegte Prüfungen, durch die man sich heilen wollte. Die uns zur Verfügung stehende Zeit nutzen wir also immer wieder dazu, uns an Gelegenheiten heranzuführen, in denen wir uns heilen können. Wir machen sie so zur heilenden, zur heiligen Zeit. Diese andere Nutzung von Zeit wird dadurch noch dramatischer, daß wir nicht nur 'vorwärts' auf der Zeitschiene geboren werden, wir können auch in eine Geburt gehen, die in der Vergangenheit liegt, wenn wir etwas Bestimmtes aufzuarbeiten haben, was nur da möglich ist. Einige Klienten waren sehr erstaunt, als es zur nächsten Inkarnation plötzlich rückwärts ging ... Unser innerer Heiler tut wirklich alles für uns!

Das Höhere Selbst

Die drei Zustände des inneren Führers: Gefangen, aktiv oder Höheres Selbst

Es gibt drei Grundvarianten, nach denen wir Menschen leben, und diese sind von den früheren Leben mitgeprägt. So läßt sich für die Reinkarnationstherapie sagen, es gibt das Grobe, das Normale und die Feinarbeit. Meist geht auch die Reihenfolge der hochkommenden früheren Leben in diese Richtung. Weil wir uns aber nicht aussuchen können, was wir von früher noch in uns tragen, werden wir von diesen Erinnerungen noch in der entsprechenden Reihenfolge beeinflußt, was sich wie eine 'innere Führung' auswirkt. Bestehen zu negativen Ereignissen (Folter, Mord, usw.) noch starke Bindungen, sind Vermeidungs- oder Wiederholungszwänge die Folge. Der innere Führer steht gleichsam noch unter dem Bann dieser einstigen Geschehnisse. Ich beschreibe dies unter dem Stichwort: Der **gefangene** innere Führer. Bringt man jedoch aus seinen früheren Leben ein einigermaßen normales Rüstzeug mit, wird man Leid vermeiden und Freude suchen wollen und dies zwanglos biographisch umsetzen. Dies wird durch den **aktiven** inneren Führer möglich. Ist ein Klient 'eine alte Seele', die sich bereits geistige Erfahrungen als Heiler, Meditierer, Magier etc. erschlossen hat, strebt er in diesem Leben Freiheit, Unabhängigkeit und Selbstverwirklichung an. Er fühlt sich nicht mehr durch eigene Obsessionen, Ziele, Fixierungen beengt, sondern er ist frei und wird immer unabhängiger, indem er sich mehr und mehr seinem **Höheren Selbst** anvertrauen lernt.

Die ersten beiden Lebenstypen führen sich selbst auf Schienen durch die Welt und halten sich dabei für frei, aber in Wirklichkeit agieren sie nur ihre Programme aus. Erst das Höhere Selbst ist sich seiner bewußt und fragt sich konstruktiv, was es eigentlich will und wozu es da ist. Meist meldet sich aber zuerst der gefangene Führer, der seine Ängste und Blockaden loswerden will, die ihn noch bedrücken. Danach kann der Klient seine früheren Leben neutral, ohne etwas bewältigen zu müssen, betrachten und nach weiteren wichtigen Prägungen fragen. Meist zeigen sich dann auch sehr schnell Geschehen, die auf geistige Entwicklungen hinweisen. Oft steckt das Höhere Selbst hinter dem gefangenen inneren Führer verborgen, weil viele geistig schon fortgeschrittene Führer und Heiler früher leider von Kirche und Inquisition als solche erkannt, gequält und getötet wurden. Unsere geistige Elite wurde so im Mittelalter durch leidvolle Vernichtung geschickt, von der sie sich bis heute in vielen Einzelfällen noch nicht erholt hat. Ich möchte diese drei Arten von Lebensführung (Ausleben von inneren Mustern) ganz eingehend beschreiben, sie sind ein wichtiges Ergebnis meiner Arbeit, und sie erklären sehr viel über den heutigen Zustand vieler Menschen.

Der gefangene (traumatisierte) innere Führer

Dieser geht in der Rückführung sofort zu qualvollen Erlebnissen zurück, die noch sehr an der Oberfläche sitzen.

Er braucht die Konfrontation mit den Ursachen, die ihn heute noch durch Unwohlsein, Unsicherheit, Ängste und Krankheiten beherrschen, um sich von ihnen zu emanzipieren. Dieser Mechanismus beherrscht die 'normale' Reinkarnationstherapie, hierher gehören all die Ratten im Turm, Verfolgungen und andere qualvolle Erlebnisse, die heute noch schädigend nachwirken. Um sich zu befreien, muß der gefangene innere Führer wieder zu den Originalschauplätzen zurück. Er ist wie ein gebannter Geist, der sich am Tatort wiedererleben will, um über gewisse Dinge hinwegzukommen. Die Reinkarnationstherapie kann hier wie eine Abkürzung wirken. Wer sich unbewußt in einen Kampf oder Zwang verstrickt hat, wird sich über die Ursachen klar und kann sich davon befreien.

Doch gerade hier braucht es besonders viel Vertrauen, damit der Klient sich wirklich auf diese Erlebnisse einlassen kann, damit frühere Schrecken ihren zwanghaften Charakter verlieren. Eine Frau, die als Hexe verbrannt wurde und der es natürlich sehr schwerfiel, in der Sitzung durch diese Verbrennung 'durchzugehen' und nicht stekkenzubleiben, berichtet über ihr jetziges Leben, das durch den gefangenen inneren Führer wie eine Fortführung früherer Strafen wirkt: "Ich wurde ungewollt schwanger, meine Partnerschaft ist irgendwie zäh, ich habe Streit und Auseinandersetzungen in einem außerpartnerlichen Verhältnis, irgendwie gefällt mir mein ganzes Leben nicht." Es fällt also auf, wie ihr jetziges Leben (wie das so vieler Menschen!) wie eine langgestreckte Folter oder Verfolgung erscheint, woraus sie sich kaum lösen kann. Alles erscheint wie ein 'Schlauch'. Sie fühlt sich gefangen, sucht aber nach Auswegen, deshalb kam sie zu mir.

Eine andere Frau erlebte sich in ihrer Erstsitzung sehr lange Zeit statisch schwebend, aber sobald sie sich bewegen wollte, fühlte sie sich irgendwie festgehalten. Dann ließ sie doch los und bekam Schmerzen, hatte unter anderem einen Pfeil im Arm und litt an den Folgen eines Überfalls. Die Zeiten waren unsicher, sie lebte ungeschützt alleine in einem Wald. Also hatte sie auch schon in dem Schwebezustand zuvor intuitiv Angst davor gehabt, weiterzugehen und sich somit gebremst, um nicht wieder in diese Schmerzen hineinzugeraten. Doch andererseits suchte sie sich aus einer Unzahl von Möglichkeiten genau diese Szene aus, in die sie nicht hineinwollte!

Dies ist ganz typisch für den gefangenen inneren Führer, er landet immer unfehlbar da, wo er eigentlich gar nicht hinwill. Aber das ist seine Absicht, er will sich ja erleichtern. Dies ist sein Paradox: durch das Unangenehme zum angenehmen Gefühl des Loslassens! (Hier ist auch die Wurzel der vielen Sensationskitzel in den Medien angelegt, es erleichtert die Menschen offensichtlich, in einer Pseudowirklichkeit aus sicherem Abstand heraus Gefahren und Unfälle mitzuerleben). Eine andere Klientin berichtet, in der ersten Sitzung geriet sie in unendliches Fallen, danach ging dies schlagartig in das Schaukeln eines Schiffes über, es war Sturm, und sie erlebte, wie sie über die Brüstung geschleudert wurde und im Meer ertrank. In einem weiteren Leben, das sich gleich anschließend meldete, wohnte sie in einem orientalischen Dorf mit sehr trockenem Klima, ging Wasser holen, der Weg führte in eine steile Schlucht, und sie stürzte wieder ab. Sie berichtete dann auch über unerträgliche Fallträume, die sie während ihrer Kindheit hatte. Sie wäre kaum freiwillig in diese alptraumhaften Erlebnisse hineingegangen, ich hatte sie ebensowenig dahin gedrängt, aber es geschah doch.

Die Heilung dieses gefangenen Zustands geschieht so: Wenn die negativen Erscheinungen in der Rückführung ausgestanden sind, kommen sie von alleine nicht mehr und werden von anderen, nun positiven Inhalten abgelöst. Es ist also grundfalsch, nach der ersten Sitzung zu sagen, in den Rückführungen komme nur Grausames hoch. Es ist umgekehrt. Nach der Therapie interessieren sich die Klienten viel weniger für angstauslösende Situationen in den Medien. Ihre eigenen Ängste sind für sie kein Thema mehr. Leider versteht sich die traditionelle Psychotherapie nur dazu, von der ersten (gefangen) zur zweiten Stufe (aktiv) zu führen. Es werden nur Ängste, Psychosen, Neurosen usw. durchgearbeitet. Doch eine spirituelle Therapie muß den Menschen auf dem ganzen Weg begleiten und zu sich führen können! Natürlich geschahen uns allen auf dem Weg durch die Inkarnationen Unfälle, Verletzungen oder Gewalt, aber dem zweiten Typ Führer scheinen diese Erfahrungen weniger auszumachen:

Der aktive innere Führer

Hier sind Klienten einzureihen, die sich locker und gelassen rückführen lassen, meist beginnen die früheren Leben schnell aus ihnen herauszusprudeln. Alte Negativeinflüsse erscheinen nicht mehr wie oben isoliert und bedrohlich, sondern sind in die gesamte Fülle der früheren Leben integriert. Unfälle und schöne Erlebnisse lösen einander ab. Leben und Tod, Gesundheit und Krankheit, Glück und Unglück erscheinen als Wechselfälle des Lebens, die hingenommen werden. Diese Menschen können unbelastet von Alpträumen, Ängsten oder zwanghaften Wiederholungen in ihre früheren Leben einsteigen. Während der 'gefangene' innere Führer immer wieder steckenbleibt und Schwierigkeiten hat, sich aus mißlichen Situationen zu befreien, geschieht es oft, daß Menschen, deren innerer Führer das aktive Prinzip verkörpert, während der Sitzungen selbst aktiv werden, indem sie Vorschläge machen, was noch zu erleben ist oder aber souverän weiterschalten, wenn ihnen etwas nicht gefällt! So erlebte sich ein Teilnehmer an einer Gruppensitzung als ausgemergelter Rikschakuli in China und versetzte sich selbst spontan in ein angenehmeres, reiches Leben in Marmor und Seide weiter ... Auch heute läßt er sich nicht von Negativitäten festhalten und einbinden.

Man kann also sagen, daß Menschen, die von diesem aktiven inneren Führer beseelt werden, ihre Energien in Bilder umsetzen und ihr Leben diesen Bildern entsprechend gestalten. Alles, was ihre Vorstellungen von angenehmem Leben stützt und bestätigt, wird positiv empfunden, alles, was ihren Phantasien entgegensteht, wird schnell verdrängt oder vernichtet. Oft wissen sie als Kinder bereits, was sie einmal werden wollen, streben dieses eingebildete Ziel mit aller Kraft an - und erreichen es auch! Allerdings kann dieser aktive Führer auch Schattenseiten wie diktatorischen Lebensstil, Intoleranz oder mangelnde Flexibilität mit sich bringen. Wir sollten lernen, unsere Aktivitäten kritisch zu hinterfragen, wir können uns nämlich auch 'zu Tode' siegen ...

Durch die Rückführung kann ich hier sehr ausgleichend wirken. So berichtet ein Klient vom Typ aktiver innerer Führer: "Vor den Sitzungen habe ich alles sehr stark von meiner eigenen Warte aus gesehen. Für mich zählte nur, ob ich mich durchsetzen konnte oder nicht. Äußerlich war ich lässig und bemühte mich, tolerant zu erscheinen, aber innerlich war ich verbiestert und verbissen. Ich war machtlos gegen meine Antriebskräfte. Das Seltsame war, daß ich mich nie als der große Egoist gefühlt habe, der ich eigentlich war. Nach der Therapie fühle ich mich erleichtert und gehe ganz anders auf Menschen zu. Ich kann Erfolg mit ihnen teilen, durch die vielen Leben, die man hat, wird alles weniger dramatisch. Es ist genug Gutes für alle da ..."

Ich füge noch ein Beispiel für eine typische Erstsitzung einer Person mit aktivem inneren Führer an: Diese Person erlebte sich in ihrer ersten Sitzung in vier verschiedenen früheren Leben. Zuerst als Frau in einer Steinzeitfamilie, die in einer Höhle erfror und verhungerte. Das Leben davor war stumpf und unbewußt gewesen, dann erlebte sie sich als Offizier, der guillotiniert wurde, weil er Soldaten nach Hause geschickt hatte, da er den Krieg als sinnlos empfand. Noch nach dem Tod spürte er Stolz und keinerlei Bedauern. Die nächste Sequenz erlebte sie als römischer Senator, der nach einem Gelage in einem Bad von höchstem Luxus eine schöne Frau liebt, doch dann kommt eine unangenehme Botschaft, er muß weg, wird in eine politische Versammlung bestellt, ein Aufstand bricht los, die Stadt brennt, er flieht, traut sich nicht mehr zurück und akzeptiert einen Tod in Verlassenheit und ohne Reue. ("Ich bereue nichts, es war in Ordnung, wie es war ...") In der letzten Sequenz findet sie sich als Arzt, der verbissen an einem Medikament arbeitet und mit einer gewissen Unzufriedenheit stirbt, weil er sein Ziel nicht erreicht hat. Alle diese Leben betrachtet sie mit der größten Selbstverständlichkeit und ohne größeres Staunen, als blättere sie nur mal so ihr Familienalbum durch. Sie erschien auch zu keiner weiteren Sitzung. Heute lebt sie ihr Leben konsequent und souverän und be(s)tätigt sich neben ihrem Beruf als Vorsitzende eines sozialen Arbeitskreises, dem sie ihre Energie widmet. Sie trägt bewußt die Verantwortung für das, was sie sich im jetzigen Leben aussucht. Ihr innerer Führer scheint stark zu sein, sie meistert ihr Schicksal, hilft anderen Menschen und ist eine Bereicherung für ihre Umwelt. Und wenn sie mehr an sich arbeiten will, sie hat meine Adresse ...

Der freie innere Führer: das Höhere Selbst

Die dritte Art innerer Führer führt ein Leben mit Abstand, Weisheit, Innerlichkeit. Er weiß intuitiv, worum es bei Esoterik, Meditation, Transzendenz geht. Diese Gruppe Menschen sucht sich in den Sitzungen gerne Zustände zwischen den Inkarnationen aus, sie verbleiben dann schwebend im All oder verlieren sich in angenehmen, befreienden Auflösungsgefühlen. Sie spüren sich dann erfüllt mit Energie, sehen Lichter, werden durchpulst von kosmischen Erfahrungen und schalten sich in Erlebnissen zwischen Tod und nächster Geburt ein. Man kann vielleicht einwenden, diese Art von Erleben in der Rückführung sei ein Ausweichen vor irgendwelchen 'harten' Realitäten, aber muß man denn das Leben als eine kämpferische realistische Prüfung sehen? Die Lebensläufe dieser Klienten zeigten mir dann auch, sie haben es einfach nicht nötig, sich gegen andere Menschen Spitzenpositionen zu erstreiten oder um Vorteile zu kämpfen. Stattdessen leben sie meist sehr harmonisch, haben Nischen gesucht und gefunden, in denen sie sich verwirklichen können, ohne in materielle Bedrängnis zu kommen. Sie sind die 'Lilien auf dem Feld und die Vögel im Himmel', die doch ernährt werden, ohne ihre Haut zum Markt von Neid und Konkurrenz zu tragen. Diese Menschen sind wichtige Katalysatoren für andere, sie helfen bereits durch ihre Anwesenheit, durch ihre Ausstrahlung. Statt der Verkrampfungen des gefangenen inneren Führers, statt der Ichverliebtheit des aktiven inneren Führers erfahren sie die Freiheit beglückender Auflösung auch im alltäglichen Leben. Sie sind die Seligmachenden, die Friedensstifter. Dazu fallen mir auch Berichte aus dem Tierreich ein: Diese Eigenschaften werden auch Walen und Delphinen zugeschrieben, und eine Forscherin erlebte in Afrika einen 'weisen' Schimpansen, der sich in seinem freilebenden Trupp nie an Streit beteiligte, sondern immer rührend integrierend und versöhnend wirkte.

Dir ist sicher aufgegangen, daß diese drei Führer eigentlich Lebenszustände sind und daß sie aufeinander aufbauen. Eine Analogie in den Elementen sehe ich dabei so: Im Element Erde (Körper) kann man sich in Angst und Angebundenheit erleben. Das Wasser läßt die Dinge in Fluß kommen, man geht auf andere Menschen zu, holt Hilfe. Das Feuer führt zu Aktivität und Macht. In 'Luftkämpfen' wird Freiheit und Ungebundenheit erfochten, danach lebt man wieder im Element Erde, friedlich, geerdet, heimgekommen. Nach allen inneren Kämpfen hackt der Zen-Meister sein Holz im Hier und Jetzt. Erde und Äther, Ideale und Tun verbinden sich harmonisch.

In der Regel lernen meine Klienten diese drei inneren Führer in sich selbst kennen, und es ist ihnen dann möglich, sich sehr viel differenzierter wahrzunehmen. Sie spüren dann, daß sie auf manchen Themengebieten jeweils den ängstlich-unfreien, aktiven, oder geistig-abgehobenen Aspekt ausleben: Jemandem ist Geld egal (befreiter Führer, Höheres Selbst), sexuell ist er ängstlich (gefangener Führer), ein Autoritätsproblem kämpft er auf Demonstrationen und in Bürgerinitiativen aus (aktiver Führer). Hier können auch die Tarotkarten wichtige Anregungen geben, die drei Sequenzen der großen Arkana entsprechen den Stufen einer Entwicklung, die vom gefangenen inneren Führer zum befreiten Höheren Selbst führt.

Vom gefangenen inneren Führer zum Höheren Selbst

	Der gefangene innere Führer	Der aktive innere Führer	Das Höhere Selbst
Erfahrungen in der Rückführung:	Steckenbleiben, Angst	Lebenssituationen, Kämpfe, Liebe, Trennung, Familie	starke Farben, abstrakte Muster, kosmische Reisen, Kontakte mit höheren Wesen.
Art der Erfahrung:	Folter, Erniedrigung, Unfälle, starke, wenig bildhafte Gefühle	genaue Visualisierung, gutes Lösen von Situationen	Auflösung, Schweben
Lebenseinstellung heute:	negativ, pessimistisch, defensiv, unsicher, auf Fehlervermeidung bedacht	Neugier, Durchsetzung, Erfolg, Selbstbewußtsein, Risikobereitschaft	Ausgleich und Verständnis, Vertrauen, geistige Interessen
Körperwahrnehmung:	ängstlich, verkrampft, Ekelgefühle, Schwindel, Blockaden	euphorisch, offen für Genuß und Spannung, Suche nach Neuem Anregung, Kommunikation	Suche nach Auflösung und Befreiung. Körper wird oft als Begrenzung empfunden und abgelehnt
Lebensziel:	Anpassung, Durchkommen, Sicherheit, Dienen	Selbstbestätigung, Einsatz für Pläne, Projekte, Bestimmen, Helfen	Ganzheitliches Leben, mystische Verbindung zur Welt wird angestrebt, Zeit für sich haben, Heilen
Element:	Erde, Wasser, grobe, gebundene Materie	Feuer, Luft, Elemente der Vereinnahmung und Ausdehnung	Äther, Energie, Auflösung der elementaren Bindung in Freiheit, Leichtigkeit, kosmische Verbundenheit
Entsprechung im Tarot:	Karten I-VII Höhepunkt: Der Wagen	Karten VIII-XIV Höhepunkt: Die Mäßigung	Karten XV-XXI Höhepunkt: Die Welt

Aufwachen: Vom Unbewußten zum Höheren Selbst

Nun möchte ich noch einmal genau unterscheiden zwischen dem Wirken des inneren Führers und des Höheren Selbst. In einer Zeitschrift las ich kürzlich, der erste US-Soldat, der im Golfkrieg fiel, habe seit seiner frühesten Jugend 'Krieg gespielt', sei von Waffen fasziniert gewesen und habe sich freiwillig (?) zur Armee gemeldet ... So folgen viele Menschen zwar einer persönlichen Logik und bilden sich ein, sie täten dies freiwillig, aber sie führen nur innere Befehle aus, über die sie nicht bewußt bestimmen. Sie werden also geführt. Um sie vor sich retten zu können, müßte man sie demnach zum Aufwachen bringen.

Das Problem dieser Art innerer Führung ist, daß sie zwanghaftes Verhalten (Krieg usw) erzeugt, obwohl sie nur dienen sollte. Wenn unsere innere Führung also die Welt für böse, schlecht, gefährlich oder eng erklärt, mag dies sehr wohl in Erfahrungen aus früheren Leben begründet sein. Auf diese Vorgaben hin heute noch zwanghaft zu handeln, heißt, man ist immer noch Opfer und hat sich noch nicht befreit. So trug eine Frau, die einmal als Hexe verbrannt wurde, einen für sie unerklärlichen "Jenseitshaß" mit sich herum, aber erst nach der Rückführung ist ihr erklärlich, warum sie Priester, Weihrauch und religiöse Zeremonien ablehnte. Ihr innerer Führer hatte berechtigte Gründe, warum er sie vor Kirche usw. warnte! Doch solange sie diese Ursachen nicht kannte, gab sie sich selbst die Schuld an ihrer Negativität gegenüber kirchlichen Institutionen. So war sie eigentlich doppelt bestraft. Ähnlich geht es vielen Menschen, die ihre Auseinandersetzung mit der Welt zwar bewußt zu führen meinen, aber dennoch nicht wissen, warum sie Sperren und Blockaden bei bestimmten Dingen spüren. Eine Frau wurde in einem früheren Leben als Kind sexuell mißbraucht und gab sich in diesem Leben die Schuld dafür, daß dieser Punkt bei ihr wieder stark in ihrer Phantasie "besetzt" war. In Indien wird immer wieder darauf hingewiesen, daß die Lotosblüte aus dem Schlamm am Boden des Teichs wächst. Ohne Schlamm ist keine Lotosblüte möglich. Die Schlammpartikel werden durch die transformative Kraft der lebendigen Pflanze zur herrlichen Blüte mit wunderbarem Duft. Weder ist der Schlamm 'schlecht', noch ist dies Unangenehmes aus früheren Leben. Funktional gesehen soll das 'Schlechte' uns nur vor gleichen Unannehmlichkeiten in den nächsten Leben warnen. Doch wenn man in dieser Problematik unbewußt bleibt, kommt man leicht vom Regen in die Traufe. Vielleicht war man früher einmal feige und will das in diesem Leben ausgleichen und geht in einen Krieg ...

Die Lösung des Rätsels ist: Wenn man den inneren Führer und seine Rolle in unseren Leben erkennt, kann man sich dankbar von ihm befreien und zu sich selbst aufwachen. Der befreite, seiner selbst bewußte innere Führer wird zum Höheren Selbst! Statt den Suggestionen des inneren Führers automatisch zu folgen und Dinge wie Krieg, Macht, Ehrgeiz auszuleben, ohne über sie nachzudenken, wird man sich seiner Motivationen bewußt: Eine Frau beschreibt ihre Entwicklung nach den Sitzungen so: "Ich muß jetzt anfangen, mein wahres Gesicht zu zeigen, zu dem zu stehen, was ich will. Ich bin ich, und Leute sind etwas ganz anderes, das muß ich verstehen lernen. Ich neige immer dazu, mich herunterzumachen, meine Qualitäten und mein Wissen nicht zu zeigen. Es sind aber nur die Ängste aus alten Leben, die mich dazu brachten, mich zu verstecken. Dabei ist es das Nächstliegende, daß ich in mir entdecke, was ich außen suche. Das macht mich viel freier und unabhängiger."

Sie hat klar erkannt: Entweder wird sie von außen oder

von innen geleitet, dann ist sie abhängig oder frei. Es ist also eine Entscheidung, vor die jeder Mensch gestellt ist, ob er sich mit Hilfe seiner unbewußten Kräfte 'irgendwie' durch sein Leben arbeitet oder ob er sich seiner selbst bewußt annimmt und sich damit auch die Erlaubnis geben kann, so zu sein und zu handeln, wie es für ihn richtig ist. Wer Kontakt zu seinem Höheren Selbst hat, ist souveräner, durchlässiger, bekommt einen längeren Atem und geht in seinen Entscheidungen und Wahrnehmungen immer mehr von sich selbst aus. Ich arbeitete mit einem Klienten, der Drogenprobleme hatte. Als wir geklärt hatten, welchen Reiz Drogen und das Milieu auf seinen inneren Führer ausübten (er war in früheren Leben eingezwängt und bedrückt worden und suchte jetzt 'Freiheit'), konnte er auf Drogen verzichten und tun, was er wirklich wollte, leben! Der Sufi Sanaai von Afghanistan sagte vor neunhundert Jahren, es ist Zeit, daß die Menschen aufwachen, und meinte damit die Überwindung von Unbewußtheit und Falschheit. Die Erlebnisse in den Rückführungen sind genau der Schritt in die richtige Richtung. In der Rückführung erhalten wir Zugang zu unserer persönlichen Akasha-Chronik, damit können wir das Potential unserer innersten Prägungen nutzen.

Die Existenz der Akasha-Chroniken ist bereits vielen Menschen ein Begriff. Trotzdem sei hier kurz wiederholt, um welche wunderbare Einsicht es sich hier handelt. Die Lehre von den Akasha-Chroniken besagt, daß alles, was je geschah, in den Himmeln über uns verzeichnet ist. (Akasha ist das Sanskritwort für Himmel). Auch die Rückführungen beweisen, daß wirklich alles gespeichert ist, denn der Übende erfährt, daß er im Prinzip jede Einzelheit seiner inneren Chronik, die unendlich weit zurückgeht, wieder erleben kann. Unsere Gehirnphysiologen haben herausgefunden, daß nur etwa zwanzig Prozent unserer Hirnmasse aktiven, ich-gesteuerten (bewußten) Vorgängen zugeschrieben werden können. Der Verwendungszweck des übergroßen Restes unserer Hirnzellen ist also noch unklar. Was, wenn sie der Sitz unserer inneren Akasha-Chroniken wären? C.G. Jung sagte zwar einmal, "es gibt einen gewissen Teil des Unbewußten, der niemals bewußt wird", doch bezüglich der Rückführung und des dadurch möglichen Zugangs zu den inneren Akasha-Chroniken hat er nicht recht. Durch sie lebt unsere Welt, ist sie voller Magie und Symbole. Doch leider wird hierzulande diese innere Chronik das 'Unbewußte' genannt. Dieses Wort klingt, als ob an diesem Material ein Makel hafte. Ganz anders die Inder. Sri Aurobindo nennt es den Abstieg des Überbewußten (Super-Consciousness) in uns hinein, wenn man (wie die Klientin im Kapitel 'Heilung als phantastischer Prozeß') Anschluß an die Allheit in sich findet. Oder man spricht vom göttlichen Bewußtsein in uns und von höchster Selbstverwirklichung (Self-Realisation bei Ramana Maharschi). Statt also das sogenannte 'Unbewußte' als unkontrollierbar abzulehnen, wird es in Indien als hilfreiche höhere Stufe von Spiritualität vertrauensvoll angenommen. Yoga und Meditation haben zum Ziel, dem Praktizierenden zu zeigen, wie er bewußt dem Unbewußten gegenübertreten kann.

Das Höhere Selbst blüht auf, wenn unbewußte Zwänge und Negativitäten erkannt und transformiert werden. Wir wachen so in uns auf, geben uns die Erlaubnis, die Menschen zu sein, die wir wirklich sind. So berichtet eine Frau über die Nachwirkungen ihrer Sitzungen: "In meinem Körper sind Schmerzen, Beschwerden und frühere Geschehen gespeichert, dieses Wissen lasse ich jetzt zu. Ich spüre richtig, wie sich im Körper ganz viele Verspannungen lösen, Energie wird an manchen Punkten freigesetzt. Ich spüre in der Milz eine Angst, die Wahrheit zu sagen, spirituelle Lügen anzusprechen, wenn andere so tun, als wären sie vollkommen oder weiter als ich. Das hängt mit einem früheren Leben als Mönch zusammen. Ich fand heraus, daß ich seither mein Gottvertrauen verloren hatte, weil ich mich damals verraten fühlte. Ich wollte nie wieder mit etwas "Spirituellem" zu tun haben. Meine Wut auf andere zeigt mir aber jetzt, daß ich dieses Gottvertrauen in mir finden muß. Ich wollte es von anderen bekommen und wurde enttäuscht. Es hat sich viel geklärt. Ich will jetzt selbst die Verantwortung für mich übernehmen."

Aus dieser Aussage geht klar hervor, wie sehr das Erleben früherer Leben uns stärkt und zu neuer bewußter Selbstverantwortung führt. Viele Menschen empfinden die Vorstellung, wieder geboren zu werden, nur als belastend. Doch belastend ist allein die Unbewußtheit, mit der sie sich ihren eigenen Zwängen ausgeliefert fühlen. Denn wenn wir unser Höheres Selbst spüren lernen, wachen wir in uns auf. So berichtet eine Klientin: "Ich kann nicht direkt sagen, daß etwas entscheidend Neues in mich gekommen ist, aber der Mensch, der ich jetzt bin, ist in vielen Dingen weitergekommen. Ich habe mich kennengelernt und übertrage diese Einsichten auf mein Leben. In mir sind neue Lebenskraft, Beständigkeit und Zuversicht geweckt worden. Das spüre ich nun schon seit einem Jahr, und ich weiß, es wird anhalten."

Heilkraft durch das Höhere Selbst

Wer sich an einem Finger verletzt, wird erleben, wie von ganz alleine Reaktionen einsetzen, die Stelle rötet sich, es pocht und schmerzt, kribbelt und juckt, bis die Abwehr gegenstandslos geworden ist. Es ist eine Kraft vorhanden, welche von alleine heilt. Genauso erfahren die Menschen in der Reinkarnationstherapie, daß in ihnen Kräfte am Werk sind, die einen Gesundungsprozeß über viele Leben hinweg wollen. Das Unwohlsein beim Anblick von Uniformen (wenn man früher einmal von Uniformierten umgebracht wurde) ist nichts anderes als das Pochen im verletzten Finger, ein Zeichen von Heilung. Man will das nicht mehr! In uns ist eine Kraft, die dynamisch auf immer bessere Zustände hinarbeitet. Interessanterweise wirkt diese höhere Kraft auch beim Pendeln und sagt uns Dinge, die wir gar nicht wissen können. So funktioniert auch unser inneres Gesundheitspendel, das auf der folgenden Seite abgebildet ist.

Mit dieser Pendelbewegung wird Vergangenheit in Zukunft transportiert und dabei verbessert! Ohne diesen Transfer wären wir gedächtnislose Automaten, wir könnten uns nicht heilen. Die Krankheit, das Schlechte muß als 'Fremdkörper' so lange im Bewußtsein wirken, bis die Heilung erfolgt. Die Heilung erfolgt somit ursächlich im Geist. Wir wissen nicht, was Gesundheit ist und heilen uns dennoch. Das Bewußtsein weiß also, wie es sich heilen kann.

Dieser Prozeß geschieht normalerweise im Unbewußten. Wir können es auch das Über-Ich nennen. Es reicht über uns selbst hinaus und verbessert uns von Leben zu

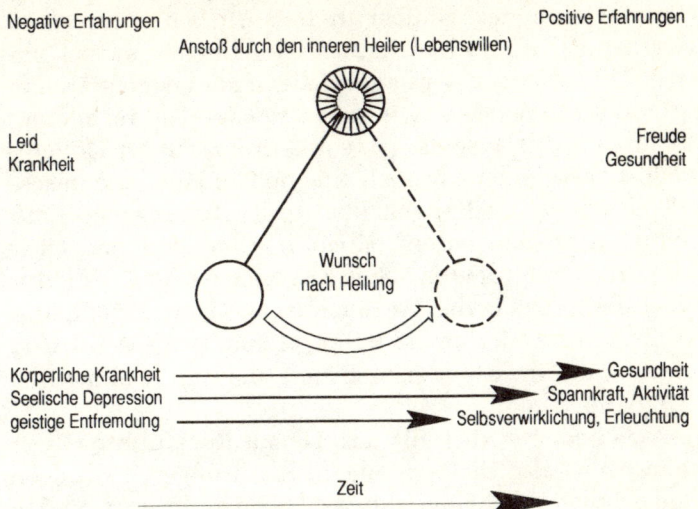

Leben. Heute morgen hatte ich eine Sitzung mit einer Tanz- und Bewegungstherapeutin. Sie erfuhr sich, wie sie in einer goldprunkenden südländischen Kathedrale mit goldenen Schalen als Messner arbeitete, und manchmal tanzte sie in dieser Kathedrale einen Tanz der Verbundenheit mit ihrer Umgebung. Oft ging sie hinaus auf ihre Felder und legte sich auf die Erde, zündete abends meditativ ein Feuer an. Einmal war sie Soldat und erlebte sich wieder auf der Erde liegend in dröhnendem Geschützlärm, dann war sie ein junger Mann mit geschmeidigem Körper und genoß sich bei einer gymnastischen Vorführung vor Menschen mit wallenden Kleidern ... Und das sucht sie heute wieder, in ihrem ebenerdig (!) gelegenen Studio, ihrem Haus, ihren Blumen, ihrer Arbeit mit Tanz. Ohne es vor der Rückführung zu wissen, hat sie Programme in sich, die sie wieder aufgreift und verbessert.

Das Faszinierende ist, man kann das alles nicht planen. Denn wie könnten wir über uns hinausgehen, um etwas zu werden, das wir **noch nicht** sind. Wir brauchen und bekommen Hilfe. Nennen wir sie göttliche Gnade oder Inspiration durch eine Weltseele, wir sind auf jeden Fall nicht einer blinden Natur ausgeliefert, sondern über unser Höheres Selbst bekommen wir auch eine höhere Hilfe, die unsere Pläne und Vorstellungen übersteigt. Aus eigener Kraft hätten wir nicht werden können, was wir heute sind. Über die Arbeit mit früheren Leben erkennen wir, daß wir unser Ziel sind. Auch in den Worten Karma, Kismet, Khidr, (das Sufi-Wort für: der innere Führer) kommt zum Ausdruck, daß in uns Transzendenz existiert, die unsere alltägliche Logik übersteigt.

Was bedeutet dies für das Thema Rückführung? Wir haben uns also die Neigungen, Erfahrungen, Ladungen angeeignet, die wir aus früheren Leben mitbringen, und in der Verbindung mit unserem Höheren Selbst werden aus diesen Voraussetzungen immer bessere Lebensmöglichkeiten - wenn wir uns diesem Höheren Selbst auch anvertrauen. Jeder Mensch hat dieses Höhere Selbst als den Wunsch nach etwas Besserem und hierin findet er seine Heilung. Doch ohne etwas Höheres in uns anzuerkennen, (das Phantastische, Kreative, Göttliche, das Unbewußte) können wir nicht wirklich bewußt werden.

Der Weg führt über das selbstkritische Brechen mit alten Gewohnheiten: So ist die Göttin Isis sowohl die Göttin der Wahrheit wie der Zwietracht. Wenn wir uns dem 'Mehr', dem Höheren Selbst in uns anvertrauen, geht der Weg über die dunkle Nacht der Seele, wie sie in der zweiten Arkana des Tarot dargestellt ist. Doch unser Höheres Selbst ist da, erwartet uns und fängt uns auf. Es hat zwar viel Zeit, aber wir sollten es auch nicht zu lange warten lassen ...

Die Alchemie der Transformation

In diesem Abschnitt möchte ich zeigen, wie die Reinkarnationstherapie tatsächlich zu spürbaren Verbesserungen führt. Die Neurobiologie fand heraus, daß u.a. körpereigene Hormone, Neurotransmitter unser Innenleben bestimmen. So produziert unsere Nebenniere Adrenalin, wenn das Hirn eine Bedrohung signalisiert. Doch dieses Hormon wirkt anders, je nachdem, ob wir eine Situation passiv erleiden oder sie selbst steuern können. Adrenalin wird in Wut umgesetzt, wenn wir uns ohnmächtig und ausgeliefert fühlen, es kann Euphorie auslösen, wenn wir uns aktiv und sicher fühlen. Der gleiche Botenstoff kann also ganz entgegengesetzte Empfindungen auslösen!

Diese Erfahrung machen auch meine Klienten vor und nach der Therapie. Klienten, die in früheren Leben von der Staatsmacht umgebracht wurden, berichten, sie hätten vor der Therapie mit Wut oder Angst auf den Komplex Polizei/Ordnungsmacht reagiert, doch nach dem Wiedererleben und der Integration der früheren Schrecken spüren sie eher Gelassenheit und gute Gefühle. Diese Veränderung hört sich in einem Fall so an: "Immer wenn ich Streit sehe, denke ich an eine Situation, in der ich umgebracht wurde, da spüre ich eine Art Alarmglocke in mir. Ich spüre direkt, was da passiert. Ich überschreite so meine früheren Grenzen leichter, bin durchlässiger und mutiger geworden. Auf den positiven Gebieten bin ich flexibler geworden, bei den 'negativen Dingen' gestaltet sich meine Ablehnung direkter. So ergibt sich ein stärkeres Gefühl der Sicherheit." Eine andere Klientin, in diesem Leben Ärztin, beschreibt detailliert, wie sie im heutigen Leben noch auf Folter, Demütigung und Verbrennung im Mittelalter reagierte: "Einmal sollte ich meine Tochter nach dem Martinszug aus einer Kirche holen, das Programm war geändert worden, da schien der Boden unter meinen Füßen zu versinken, mir wurde schwindlig, ich wurde ja letztlich einmal von der Kirche (als Heilerin) umgebracht."

Doch nach der Therapie erträgt sie den Problemkreis Kirche leichter : "Die Bilder haben noch ziemlich lange in mir gewirkt, sie haben mich sehr beeindruckt, beschäftigt bis aufgewühlt, dann kam eine Phase der Akzeptanz, jetzt regt mich das nicht mehr auf. Wenn ich die Wahl hätte, diese Sitzungen über frühere Leben gemacht zu haben oder nicht, ich würde sie schon gemacht haben wollen. Die alten (negativen) Energien waren ja schon vorher da, nur eben nicht bewußt, deshalb konnte ich mich nicht mit ihnen auseinandersetzen. Ich hatte in bestimmten Situationen Angst, auch Wut, die ich nicht verstand, sehr ambivalente Gefühle bestimmten Dingen gegenüber." Statt wie zuvor antikirchlichen Adrenalinstößen ausgesetzt zu sein, die in ihr unerklärliche Gefühle von Wut und Angst (Schwindel, Gefühl, im Boden zu versinken) auslösten, kann sie nun positive Gefühle aufbauen. Die Sitzungen haben wie eine Impfung mit Antikörpern gewirkt, sie hat die früheren Dinge in geschwächter Form wieder erlebt, ihr Höheres Selbst hat sich nun dazu entschließen können zu verzeihen, um sie befreiter weiterleben zu lassen. Die Neurotransmitter wirken nun nicht mehr 'ätzend', sondern lösen positive, mutige, befreite Reaktionen aus. Abschließend sagt sie: "Das alles verstehe ich jetzt besser, ich empfinde auch mehr Gelassenheit und Friedensbereitschaft früheren Peinigern gegenüber, diese früheren Problemkreise haben keine Wirkung mehr auf mich."

Betrachten wir die Rolle der 'Botenstoffe' oder Neurotransmitter weiter: Es ist durch die weiterführenden Erkenntnisse der Psycho-Neuro-Immunologie gesichert, was seit Jahrtausenden bekannt war: Zwischen Seele (Psyche) und Gesundheit (Immunsystem) besteht ein Zusammenhang. Die Regulierung erfolgt durch die körpereigene Chemie mit ihren Botenstoffen (Neurotransmitter). Wenn die Psyche (Seele) sich wohlfühlt, wird dies dem Körper durch Botenstoffe (Peptide, Morphine etc.) mitgeteilt, dadurch erhöht dieser unter anderem die Zahl der Killerzellen des Immunsystems (die auch die Krebszellen bekämpfen.) Der umgekehrte Vorgang ist auch möglich: So kann in der Tierwelt ein Männchen, das von einem Rivalen besiegt wurde, in Trauer und Depressionen verfallen, es zieht sich zurück, wird krank und stirbt. Unsere Reaktionen geschehen also nicht isoliert, sondern auf der Grundlage einer Gesamtverfassung, welche von der Befindlichkeit der einzelnen Körperzelle bis zum bewußten Handeln und Fühlen reicht. Wenn ein Klient sich nach der Therapie aktiver, besser, weniger durch alte Ängste behindert fühlt, so teilt sich dies seinem gesamten Psycho-Neuro-Immunsystem mit. Hiermit ist der Beweis für die Wirksamkeit der Reinkarnationstherapie erbracht. Auf eine einfache Formel gebracht heißt dies: Die Gestaltung unseres Lebens macht uns gesund oder krank. Wir schöpfen Gesundheit aus unserer Biographie, welche eben auch die früheren Leben mit einschließt. Wir leben als individuelles, unverwechselbares Geschehen, wir schaffen uns alles selbst.

Wir können uns jedoch nicht einreden, wir seien glücklich, wenn dies unserer biographischen, seelischen und geistigen Erfahrung widerspricht. Damit würden wir unseren inneren Heiler vergewaltigen und unterdrücken. Wir brauchen erst die ehrliche Bestandsaufnahme und dann die Auseinandersetzung mit der Welt und mit unseren Aufgaben. Da dies auch körperlich-hormonal geschieht, spreche ich von der Alchemie der Transformation. Jeder

Yoga-Geübte weiß, wir lernen über den Körper oder gar nicht! Bringen wir all dies auf eine einfache Formel: Gefühle erfahren wir über die Chemie unseres Körpers, wir haben ein hormonales Gedächtnis. In den Rückführungen geschieht Konfrontation mit der Welt, Aufdecken alter Gefühlshemmnisse. Doch ohne die Auseinandersetzung mit dem Negativen, (wenn es noch stark wirkt!) kommt man nicht weiter. Deshalb zwingt unser innerer Führer uns immer wieder, die 'Facts of Life' anzuschauen und zu verarbeiten.

Dieses hormonale Gedächtnis, welches unsere Erfahrungen von Lust, Schmerz, Liebe, Machtstreben usw. bewahrt und körperlich faßbar macht, können wir nicht einfach abschaffen. Aber wir können unsere körpereigene Chemie zu einem Quell von Freude, Gesundheit und Zuversicht ausgestalten. Adrenalin ist nicht böse, weil es unangenehme Gefühle auslösen kann, wir brauchen vielmehr das Böse, um seine Energie zum Guten zu wenden. Durch die Reinkarnationstherapie als spirituelle Hilfe (Jnana-Yoga: Yoga des Wissens) erkennen wir: Durch Überwinden alter Negativität können wir das Verhältnis Körper-Seele-Geist neu gestalten, bis wir durch weitere Transformationen unserer inneren Chemie ganz befreit sein werden.

Unsere Lebenskräfte

Energie von innen

Jeder Mensch trägt seine gesamte unverwechselbare Biographie in sich. Die Gandhi-Ausstellung in Neu-Delhi steht unter dem Titel: "My life is my message", diese Aussage beeindruckte mich sofort wegen ihrer Radikalität und Kühnheit. Man selbst ist die Botschaft, man selbst ist die Wahrheit. Um dies zu verstehen, leben wir wieder und wieder, bis wir uns selbst und unser Leben meistern können. Wie kann dies geschehen? Grundsätzlich ist zu sagen, daß unsere inneren Anlagen mit den äußeren Gegebenheiten harmonieren möchten. Unsere inneren Energien möchten mit ihren äußeren Entsprechungen in Verbindung treten, mit ihnen schwingen, kommunizieren. In der Esoterik weiß man, alles ist Energie.

Doch meist wird geglaubt, daß die Anregungen zu unserem Handeln nur von außen kommen. Man sieht eine Möglichkeit und verwirklicht sie. Weniger oft spüren wir, daß Energie von innen nötig ist, um in der Welt aktiv zu werden.

Diese Energie von innen erhalten wir von den Chakren. Wenn wir uns klarmachen, daß in unseren Chakren verschiedene Energieschwingungen am Werk sind, verstehen wir leicht, daß diese unsere äußeren Lebensformen bestimmen. Im Chakra-Handbuch von Sharamon und Baginski (Windpferd Verlag) ist die Chakralehre sehr schön dargestellt. In der Reinkarnationstherapie ist zusätzlich die Umsetzung der Chakraenergien ins Biographische wichtig: jemand wird fortgejagt, entlassen, befördert etc. Wie reagiert er, findet er einen neuen Platz im Leben und welchen?

Die Chakraenergien und die durch sie bewirkte Lebenspraxis stehen in einem dynamischen Zusammenhang, unser Leben ist unsere von innen kommende Botschaft. Unser innerer Führer bringt aus den früheren Leben alle hierzu notwendigen Erfahrungen mit. Was ihn anspricht, dafür gibt er uns Energie, was ihn kalt läßt, dem verweigert er sich.

Ich möchte nun die einzelnen Bereiche und die in ihnen vorherrschenden Kräfte (Schwingungen) vorstellen und zeigen, wie in früheren Leben erfahrene Schwingungen unsere Energiekommunikation mit der Welt heute noch mitgestalten.

Die Chakren als Gestalter unserer Biographie

In diesem Abschnitt möchte ich mit Dir eine Art der geistigen Arbeit teilen, die ich für die wichtigste überhaupt halte: realistisch das ansehen, was wir sind. Viele Menschen, die geistig an sich arbeiten wollen, möchten am liebsten gleich auf ein Ideal zusteuern, sie möchten selbstlos, liebend, kreativ, kurzum ideal sein. Doch das muß man mit der Person bewerkstelligen, die man eben IST. Unser innerer Führer würde uns einen schlechten Dienst erweisen, würde er uns sofort (einer Droge ähnlich) in die Wunschperson verwandeln, die wir gerne sein möchten. Es wird ja heutzutage bereits die Gefahr heraufbeschworen, daß wir durch die Technik zu Plastikmenschen werden könnten, zu Zombies, die keine Identität mehr haben. Doch über unsere früheren Leben erhalten wir eine unverwechselbare Prägung, der wir nicht entkommen können.

Die tibetische Mystik teilt die uns offenstehenden Aktivitäten in sechs Bereiche ein. In ihnen finden auch unsere früheren (und heutigen) Leben statt. Diese Bereiche haben mich sehr stark angesprochen und auch viel zu meiner Selbstfindung beigetragen. Außerdem helfen sie mir, mich im oft sehr verwirrenden Geschehen der früheren Leben zu orientieren:

Das tibetische Rad des Lebens

Die ersten drei Bereiche 1) Hölle, 2) hungrige Geister, 3) Tiere, sind mehr oder weniger zwanghaft. Man ist den Dingen ausgeliefert, von denen man angezogen wird, der innere Führer ist gefangen, muß sich mit der harten irdisch-materiellen Seite der Welt auseinandersetzen. Die Bereiche Menschen (4) und Gegengötter, Asuras (5) sind den schönen Dingen des Lebens gewidmet. Der innere Führer darf es genießen, daß er sich aus den materiellen Bereichen herausgearbeitet hat. Er schafft sein emotionales Klima und seine Ansprüche selbst. Doch dies darf nicht zum bloßen Selbstzweck, zur Jagd nach Schönem, zu sterilem Denken werden, der aktive innere Führer will sich auch hieraus befreien und kosmische, überindividuelle Aspekte ausleben. Er will sich zum befreiten Höheren Selbst wandeln. Dies tut er im Bereich der Götter (6) der Inspiration und Kunst, im Tarot symbolisiert im Stern und in der Welt des dritten Arkana, um dann völlig ungebunden in die Erleuchtung (Nirvana) zu gehen, was eine zusätzliche siebte Stufe bedeutet.

Es fällt auf, daß die ersten drei Bereiche: Hölle, gierige Geister (Pretas) und Tiere kaum freiwillig aufgesucht werden dürften, dennoch leben viele Menschen in ihnen, wenn negative Einflüsse aus früheren Leben noch dominierend sind. Wie zwei Menschen sich aufgrund einer entsprechenden Lebenseinstellung zu einer Partnerschaft gefunden haben, möchte ich im folgenden Beispiel zeigen: Beide sind Anfang Dreißig. Sie betreiben einen Handel mit Secondhand Kleidern, besuchen Märkte und haben sich geeinigt, eine gemeinsame 'Außenseiter'-Existenz zu führen. Kinder wollen sie keine. Sie: Erste Sequenz: Sie hat als Flößer einen Unfall, die Beine bleiben ab Knie gelähmt, wird alt, von der Familie versorgt. Zweite Sequenz: Sie lebt als Kräuterfrau in einem alten Haus, dann Gefängnis, Folter, Verbrennung. Dritte Sequenz: Sie arbeitet in einem Antiquitätenladen, es gibt Krawalle, sie wird von Uniformierten zusammen mit ihrer kleinen Tochter abgeholt und mit anderen in eine Kiesgrube geworfen und umgebracht (III. Reich). Er: Erste Sequenz: Er wird als Mönch von einem anderen Pater erstochen. Zweite Sequenz: Er ist selbst Bischof, Dritte Sequenz: Als Soldat im 1. Weltkrieg verletzt, stirbt er im Lazarett. Vierte Sequenz: Als Kind wird er zu einer Familie gebracht, dann wegen seines (falschen) Glaubens abgeholt und getötet ... Dies zu den ersten Sitzungen der beiden und dem daraus resultierenden Lebensgefühl, das man sich unschwer vorstellen kann. Er erzählt noch, daß er mitten aus einer Prüfung zu einer Laufbahn bei der Bahn hinausgerannt sei. "In mir ist Widerstand einfach programmiert, ich kann feste Gegebenheiten nicht ertragen..." Doch beiden wird auch klar, daß sie sich im gemeinsamen Interesse gefunden haben, um in einer vermeintlich bedrohlichen Welt miteinander Sicherheit und Urvertrauen aufzubauen. Im Bewußtsein ihrer früheren Leben können sie nun weiter an sich arbeiten, um sich aus ihrer blockierten Widerstandshaltung zu befreien. Wie dies geschehen kann, zeige ich mit einer Tabelle, in der die Zusammenhänge zwischen innerem Führer, früheren Leben, Lebensbereich, Chakra, Lebensgestaltung, sowie den zu leistenden Aufgaben hergestellt ist:

Der innere Führer und seine Aufgaben

Der innere Führer und seine Aufgaben	Chakra	Grundgefühl	Lebensgefühl	Tätigkeit, Berufsfeld	Gesellschaft	Aufgabe	Befreiung nach tibetischer Symbolik
Der gefangene innere Führer (instabil, wenig Perspektiven)	Wurzelchakra	Angst, Auflösung, Depression	Enge, Verletzlichkeit, ausweichen vor Schwierigkeiten	'Sammler', von der Hand in den Mund leben, nehmen, was kommt	Randgruppen, nicht organisiert	Gefühl der Machtlosigkeit überwinden, Urvertrauen gewinnen	Befreiung durch Spiegel der Erkenntnis: Ich bin
	Sakralchakra	Wut, Aggression	Körperliche Arbeit, Einsatz, aktiver Zugriff	'Jäger', Arbeiter, Befehle ausführen	Radikal, folgt Versprechungen, gewalttätig	Kontinuität, Zufriedenheit erlangen	Begierden, die sonst unerfüllbar wären, durch himmlische Speisen befriedigen.
	Machtchakra	Stärke, Sicherheit	Identifikation mit Macht und Besitz	Handwerk, Ordnungskräfte, bürgerliche Besitzklasse	Planen, befehlen, Besitz mehren	Ansprüche aufgeben, teilen, abgeben	Tierische Unwissenheit wird durch Buch (Bildung) geläutert
Der aktive innere Führer (altruistisch, progressiv)	Herzchakra	Mitgefühl	Helfen, Dinge der Welt sinnlich entdecken, Sehnsüchte erfüllen	Helfende Berufe, Handel, Unterhaltung, Verschönerung des Lebens	Sozial progressives Milieu, Einsatz für Hilfsbedürftige, Arbeit mit Geschmack, Stil	Stolz auf eigene Leistung (Helfersyndrom) überwinden	Statt Anerkennung suchen Konfrontation mit Almosenschale: Hinlenkung auf Bescheidenheit und Mäßigung
	Halschakra	Durch Theorien und Systeme leben	Abstraktion, Maße, Prinzipien praktisch nutzen	Information ist Macht: Technik, Erfindungen ausbreiten	Forschung, Naturwissenschaft, Ingenieurwesen	Über Paragraphen und Pläne das Menschliche stellen	Das flammende Schwert durchschneidet den Knoten des Denkens
Der befreite innere Führer (verwirklichtes Höheres Selbst)	Drittes Auge	Intuitive Einsicht	Weltverdichtung durch Poesie, Kunst, Muse	Innovator auf allen Gebieten des menschlichen Ausdrucks arbeiten	Neue revolutionäre Maßstäbe setzen, innere Energien für andere sichtbar machen	Selbststilisierung, Selbstdarstellung abbauen	Laute zeigt Vergänglichkeit der künstlerischen Freude und weist Weg zur Überwindung aller Illusionen.
	Kronenchakra	Erleuchtung	Meisterschaft	Alles und nichts	...	evtl. Lehren	...

Im weiteren sollen die Kräfte, die unsere Biographie (Lebensinhalte) bestimmen, beschrieben werden. Sie entstehen in den Kraftzentren unseres Körpers (Chakren) und sensibilisieren uns für die Anstöße der Welt. Es kommt auf uns an, wie wir mit diesen Kräften umgehen, etwa mit dem Komplex Macht (3. Chakra). Ist hier ein Defizit (negative Einwirkung aus früheren Leben) vorhanden, ist der Umgang mit Macht suchtähnlich, oder man ist neidisch und hat Probleme, sich durchzusetzen. Diese Kraft ist dann ungesättigt oder schattenhaft, nicht jedoch positiv, spielerisch, freudig. So erleben wir die Kräfte aller Chakren entweder positiv, spielerisch, lichthaft oder negativ, bedrückend und gleichzeitig Abhängigkeit bewirkend. Transformieren wir die als negativ empfundenen Energien (sie sind es ja nicht von selbst, wir machen sie negativ durch unsere Blockaden), so werden sie in ihrer Gesamtheit zu Werkzeugen unserer Vervollkommnung.

Das Wurzel-Chakra - Energie und Lebensbereich

Das Wurzelchakra läßt uns Sicherheit suchen. Eine in uns allen angelegte Existenzangst sensibilisiert uns gegen Risiken, die mit dem Tod zu tun haben. Andererseits kann diese Sensibilisierung zur Folge haben, daß Menschen todesnahe Situationen suchen, indem sie aktiv andere Menschen töten oder sich selbst in gefährliche Situationen begeben (Todessehnsucht, Sensationskitzel). Dieser erste Lebensbereich wird in der tibetischen Mystik "die Hölle" genannt. Hier tun sich Menschen Schlimmstes an, um irgendwie die eigene Existenz zu rechtfertigen oder zu retten. Aber in Wirklichkeit suchen sie diesen Bereich auf, um sich zu spüren, gegen vermeintliche Feinde zu bestätigen. Heutige Entsprechungen wie Vernichtungslager, (Bürger-)Kriege oder Atomschlagstrategien zeigen, daß dieser vitale Bereich der Lebenssicherung auf Kosten anderer immer noch viele Menschen in seinem Bann hält. Dennoch ist dieser Bereich für uns alle wichtig. Die Kräfte des Wurzelchakras binden uns an die Erde und ihre Energie. So wissen wir instinktiv, daß wir Leben in Materie als Voraussetzung für jede weitere Entwicklung brauchen. Damit entstehen aber auch Angst und Befangenheit vor dem Tod, denn wenn die Verbindung zur Materie gelöst wird, sterben wir. Das Element des ersten Chakras ist die Erde. In den Rückführungen kommt dieser Bereich wieder und wieder zur Geltung, wenn es um tödliche Konfrontationen, Ausgeliefertsein, Folter usw. geht. Der Körper ist bedroht, aber wir haben auch Angst, ihn zu verlassen, um uns der Gefahr oder der Schmerzen zu entledigen.

Wer jedoch seine Ängste und Traumata (und Tode) in der Rückführung wiedererlebt, reinigt sich sehr tiefgehend. Die Hölle, die Vertreibung aus dem Paradies oder die Vorstellung von der Erbsünde sind letztlich nur verschiedene Bilder dafür, daß wir am Leben nicht animalisch unbewußt teilhaben, sondern instinktiv wissen, daß wir es selbst aus Materie schaffen. Dieses Gefühl könnte auch positiv alle Menschen vereinen und solidarisieren. Wir sind hier, um zu leben und um uns dabei zu helfen, statt uns zu bedrohen.

Die Kräfte des Wurzel - Chakras aus den früheren Leben:
Von Angst zu Urvertrauen

Ziel ist es, diese erste Ebene als freudige Lebenskraft zu erleben, die im Einklang mit Werden und Vergehen ein tragendes Urvertrauen ermöglicht. Wir bewegen uns dann dankbar in einer Natur, die uns alles schenkt, was wir zum Leben brauchen. So sind wir sicher in uns selbst und in der Welt verankert. Doch viele Menschen können dieses Urvertrauen nicht spüren und halten es eher für einen schönen Traum als für eine grundlegende Realität.

Dies verwundert nicht, wenn man die Geschichte der Menschheit betrachtet, die so viel an Folter, Krieg, Vertreibung etc. hervorgebracht hat. Die Opfer mußten erleben, wie sie ohnmächtig Peinigern und Kriegsgreueln ausgeliefert waren. In den Rückführungen werden dann die damit verbundenen Schmerzen wieder erlebt. Aber schlimmer noch erscheint die psychische Verletztheit, die bis heute nachwirken kann. Die Übenden bleiben in diesen unangenehmen Geschehnissen stecken, kommen nicht weiter, geraten in zeitlupenhaftes Erleben, in Spannungen und Verkrampfung. Schmerzen und Ausweglosigkeit (frühere echte Fesseln) steigern sich zu immer größerem Druck. Man kann sich leicht vorstellen, daß der Übende von solchen Erfahrungen in seiner heutigen Lebensgestaltung weiter beherrscht wird. Dann werden Beruf, Ehe oder Sozialkontakte als eng empfunden; hilflos und ohnmächtig fühlt man sich der Welt ausgeliefert. Nicht selten sind heute noch körperlich unangenehme Gefühle (Würgen im Hals, Kälte, Starre, Alpträume) auf entsprechende Erlebnisse aus früheren Leben zurückzuführen. Statt mit Urvertrauen begegnet man dem Leben dann starr aus einer Abwehrhaltung heraus, mit der man jedes Risiko vermeiden möchte. Lieber etwas ohnmächtig aushalten, da weiß man wenigstens, was man hat, auch wenn es ausweglos, schwer und verletzend erscheint.

In den Rückführungen kommt dieser Bereich wieder und wieder zur Geltung. Oft sehen die Klienten nach entsprechenden Sitzungen, in welche Art "Schlauch" oder Enge sie sich auch heute wieder gebracht haben und können sich nun daraus befreien. Sie erlauben sich dann, auf Besseres hin zu leben statt ein Leben in Angst und Abhängigkeit nur durchzuhalten, um Schlimmeres zu vermeiden. Der Klient lernt, daß es auf ihn selbst ankommt, sich durch eigenes Tun (In der Sitzung: Lösen, Weitergehen, Durchgehen) zu befreien. Das Gefühl, "ich tue etwas für mich, dadurch existiere ich", schafft Urvertrauen und besiegt die Lähmung durch Angst.

Das Sakral-Chakra - Energie und Lebensbereich

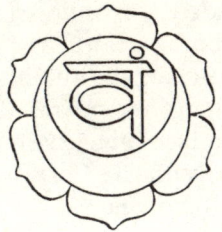

Hier geht es um direkte, sinnliche, triebhafte Hinwendung nach außen, um Genuß, Fortpflanzung und Aggression. Im tibetischen Lebensrad sind hier die hungrigen Geister am Werk, die Lebensgier und alles Suchthafte verkörpern. Sie haben riesige Bäuche und winzige Münder und dünne Hälse, so daß sie nie "voll" werden können und nie zur Erfüllung gelangen.

Dieses Bild erinnert an das, was die westliche Psychologie als Oralphase des Kleinkindes kennt. Bleiben Erwachsene in ihr stecken, kommt es zu Suchtverhalten aller Art. Diese Gier führt dann zu unbefriedigenden Geschlechtsbeziehungen, zu Eifersucht, zu Drogen und Prostitution. Sie kann sich auch blitzartig in Gewalt, Vergewaltigung und Mord entladen. Menschen fühlen sich in ihr leidenschaftlich an das Objekt ihrer Begierde gebunden und vergessen, daß nicht das Objekt, sondern sie selbst Hunger, Gier und Gewalt hervorbringen. Viele Menschen haben aus früheren Leben durch Taten auf dieser Ebene noch Schuldgefühle, die sie durch das Wiedererleben der damaligen Situation mildern können. Im Tarot wird die Sexualität als die Karte der Liebenden dargestellt. Sie zeigt den wichtigsten Aspekt der Zuwendung zu einem geliebten Menschen: die Dualität. Die Wirkung des einen Liebenden auf den anderen ist die Urform des Leidens am anderen als dem Objekt der eigenen Begierden. Ein alter Spruch ist sehr treffend: "Eifersucht ist eine Leidenschaft, die mit Eifer sucht, was Leiden schafft ..." Doch sollten wir der Kraft des zweiten Chakras nicht negativ gegenüberstehen: Wie beglückend dürfen wir es empfinden, wenn die Energien von Subjekt und geliebtem Objekt sich vereinen ...

Wenn wir diese Energie in andere Lebensbereiche mitnehmen, d.h. sublimieren, können sie uns zu umso stärkeren, höheren Schwingungen verhelfen. Auch wenn Sexualität und Aggression in früheren Leben zu Gewalt führten, muß man die Frage stellen, ob das animalisch-triebhafte Element nicht auch sinnvoller Teil der Ganzheit des Menschen ist. Das Böse kann sinnvoll sein, wenn es zu einem Lernprozeß führt, der die guten Kräfte in uns umso stärker macht. Ohne starke, früher 'böse' Gefühle wäre alles nur lau, gäbe es keine 'heißen' Gefühle, keine selbstlose Entsagung und Aufopferung für andere, auch kein Hohelied der Liebe.

Wenn wir die Kräfte des zweiten Chakras aufarbeiten, wird die einstige Gegensätzlichkeit von Täter und Opfer zu einem wissenden Einverständnis. Wir können so alle starken Gegensätze bewußt genießen, statt ihren Kräften zu unterliegen.

Die Kräfte des Sakral-Chakras aus den früheren Leben:
Von karmischer Konfrontation zu Sinnenfreude

Die Kräfte des zweiten Chakras bestimmen das Fließen nach außen, sein Symbol ist das Wasser. Es ermöglicht offenes und natürliches Zugehen auf andere Menschen, den Wandel vom 'Ich' zum 'Du'. Dies ist sehr schön in einer Sufi-Geschichte dargestellt: Der Geliebte klopft nachts bei seiner Angebeteten ans Fenster. Sie fragt, wer da sei. "Ich", ruft er. Doch sie öffnet nicht. In der nächsten Nacht klopft er wieder, und auf die Frage, wer da sei, antwortet er "Du" und wird eingelassen ...

Doch für viele Menschen ist Hinwendung, Nähe und Sexualität mit Angst verbunden. Nicht selten ist man mit einem Partner (oder dem entsprechenden Typ) verbunden, der Erinnerungen an frühere Gewalttaten weckt. Hier spricht man von 'karmischen Verwicklungen'. So war eine Frau in einem früheren Leben eifersüchtig auf ihren Vater, der mit einer anderen flirtete, sie sprang in einen See und ertrank. Im nächsten Leben ist sie die Frau dieses Vaters. Als dieser stirbt, lernt sie ihren heutigen Mann als Liebhaber kennen, doch bringt sich dieser um, als sie das Verhältnis wegen der Schicklichkeit beendet. Heute ist sie mit diesem Mann verheiratet, aber es gibt andauernd Streit, weil sie sehr abhängig voneinander sind und trotzdem jeder dem anderen seine Unabhängigkeit beweisen möchte. Es ist unerheblich, ob man sich mit dem gleichen Menschen aus einem früheren Leben als Partner, Vater/Mutter etc. wieder trifft oder ob man 'nur' mit einem ähnlichen Menschen in eine karmisch belastete Situation gerät. Die

Schuld des ehemaligen Täters und die Angst des einstigen Opfers verhindern zunächst ein gemeinsames Glück. Da ist noch 'etwas' Unaussprechliches, das man nur spürt ... Man hat Angst vor dem vorhandenen Energiestau, der sich nicht (wie früher) unkontrolliert entladen darf ... So geriet ein Klient, der heute Musiker in einem Orchester ist, in einem früheren Leben in eine Auseinandersetzung mit einem Mann, der mit ihm um seine Frau konkurrierte. Da beide Nachbarn waren, empfand er diese Konfrontation als besonders bedrohlich, und er erschlug den anderen mit einem Arbeitsgerät, als er ihn unbemerkt traf.

Eine Frau, die als Mädchen ständig von ihrem Vater sexuell mißbraucht wurde, tötete ihn spontan, indem sie ihn mit einer Pfanne erschlug. Doch diese explosiven Taten wirken heute noch nach. So hatte der Musiker bei Beziehungen immer dumpfe Ängste, es könnte etwas Falsches geschehen.

Eine andere Variante erlebte eine Sozialarbeiterin, die als Zigeunerin in einem wilden Tanz ihren Liebhaber verhöhnte und ihm klarmachte, sie wollte ihn nicht mehr - er erstach sie in der gleichen Nacht. Und sie ist sicher nicht die einzige solche Carmen geblieben ...

Wir können diese direkte Lebenskraft des zweiten Chakras nicht ablehnen, nur weil sie auch in unangenehme Konfrontationen führen kann. Inzest, Mord oder Abtreibung sind die Schattenseiten von Liebe und sexueller Bindung, die entsprechenden Taten sind gewiß nicht zu bejahen, aber das Verdrängen, das Nichtwahrhabenwollen dieser Zusammenhänge führt zu sterilen Ängsten und Blockaden. Doch diese Kräfte müssen nicht immer negativ erlebt werden. So freue ich mich auch mit, wenn meine Klienten für sie positive und unbeschwerte, kraftvolle Liebeserlebnisse in ihren Erfahrungen früherer Leben haben: Ein Mönch fand sich mit einer dunkelhaarigen Schönen ganz ländlich im Heu wieder, und als sie ihn fragte, "was sagt dein Gott zu dem, was wir hier tun", antwortete er, "Gott lächelt" ...

Insgesamt läßt sich sagen, daß es auf dieser Ebene um das Geben und Nehmen von Leben geht und damit ist kein lauwarmer Umgang möglich. Einerseits erleben wir Sexualität und leidenschaftliche Lebensmotivation, andererseits sind die eigene Identität und das eigene Überleben zu sichern. Es kann dann zu Überreaktionen führen, wenn man vermeintliche Gegner vernichten zu müssen glaubt. Auf dieser Ebene spielt sich die fundamentalistische "Ich oder Du"-Reaktion ab. Doch wenn man in der Rückführung erlebt, was einmal wirklich geschah, kann man sich von Überreaktionen bewußt freimachen und danach das Zusammensein mit anderen Menschen unbelastet genießen.

Das Macht-Chakra - Energie und Lebensbereich

Wohl nicht zu unrecht wurde früher eine wohlgerundete Leibesmitte als Zeichen von Macht und Zufriedenheit und besonders Sicherheit angesehen. Heute sagt man "Politik aus dem Bauch machen" oder, wenn man sich zurückgesetzt fühlt, dann schlägt das auf den Magen oder etwas ist uns über die Leber gelaufen. Der Sitz des dritten Chakras ist im Hara, im Zentrum der Verbrennung. Als Solarplexus-Chakra wird es in Analogie zur Sonne gesehen, die ja mit ihrer Feuerenergie unsere ganze Natur am Leben erhält. Somit erscheint es klar, daß der dritte Lebensbereich von der Macht handelt, wie sie astrologisch im Zeichen Löwe/Sonne dargestellt ist.

Die Tibeter sprechen vom dritten Lebensbereich als von dem der Tiere. Und wer mit der Verhaltensforschung vertraut ist, weiß, daß für Tiere ein markiertes Revier für Nahrungssuche und Aufzucht des Nachwuchses von elementarer Bedeutung ist. Wer ein gutes Revier hat und es gegen andere verteidigen kann, steht in der Hackordnung ganz oben. Weiter sind auch viele Menschen noch nicht gekommen. Man braucht nur die Nachrichten zu verfolgen, um über Zank und Streit, Krieg und Terror informiert zu sein. Es ist noch nicht allgemein gelungen, die Kräfte des Macht-Chakras positiv zu gestalten. Bei Tieren kennen wir Demutsgesten und Herrschaftsallüren und sie kommen uns lächerlich vor; aber auch unter uns Menschen wird um Zeichen der Macht wie Titel oder Geld oder Prestige erbittert gestritten. Wir sollten jedoch bei dem Wort Macht nicht gleich auf Abwehr schalten, sondern die Kräfte des Solarplexus-Chakras verstehen lernen. Sie bewirken ja, daß manche Menschen machtvoll dastehen, während die anderen auf der Suche nach Machthabern sind, die ihnen die Verantwortung für sich abnehmen.

Jeder Mensch bekommt, was er braucht, lautet ein oft in der Psychoszene ironisch gebrauchter Spruch, und es sieht wirklich so aus, als hätten die Menschen all die weltlichen wie religiösen Diktatoren und Gesetzgeber gebraucht, die ihnen Gebote und Unterdrückung bescheren.

Die Kräfte des Macht-Chakras aus den früheren Leben:
Verweigern, Funktionieren, Angesehen sein ...

Hier werden wir mit der Tatsache konfrontiert, daß Macht biographisch die soziale Stellung bedeutet. Recht häufig kam es in früheren Leben zu einem Ausschluß aus der Gemeinschaft, was Verderben und Tod bedeutete. Sexuelle "Verfehlungen", Eigentumsdelikte, körperliche Andersartigkeit (Verkrüppelung, Krankheit) wurden dazu benutzt, um mißliebige Menschen zu vertreiben, was für sie den Untergang bedeutete.

Frauen, die als Hexen verbrannt wurden, wurden vorher isoliert und kamen dann erst recht in den Verdacht, sie hielten es mit dem Teufel. Eine Klientin wurde einmal so behaart geboren, daß sie bereits als Kind ausgestoßen wurde und mit den Tieren im Wald leben mußte. Ein Polizist erlebte sich in einer Gerichtsverhandlung, in der er als Mörder verurteilt wurde. Er kam zu mir, weil er an panischen Ängsten litt, wenn er, diesmal als Gesetzeshüter, ein Gerichtsgebäude betreten mußte ... Ein Klient erlebte sich als junger Mensch, der nach einem Unfall verkrüppelt weiterlebte, aber nur von den Abfällen, die ihm unter den Tisch zugeworfen wurden. Jemand verdurstete, weil er nach einem Diebstahl in die Wüste geschickt wurde.

Geblieben sind vor allem Angst vor Ausgeschlossensein oder Erniedrigung. Alle Kerkernöte und Folterschmerzen werden dadurch verschlimmert, daß die Betroffenen Unrecht und Machtmißbrauch, die ihnen von anderen zugefügt wurden, als eigenes Versagen verinnerlicht haben. (In der Sitzung weise ich in solchen Fällen immer darauf hin, daß es ja die anderen sind, die sich grausam benehmen.) Als Folge von solchen Geschehen können Menschen sich heute noch total blockiert erleben, wenn sie Gruppenzwänge durchbrechen sollen. Sie haben große Angst vor sozialen Nachteilen oder dem Verlust der Anerkennung durch die anderen, wenn sie sich unangepaßt verhalten - sogar, wenn sie mit ihrer Haltung im Recht sind. Dazu kommt, daß Macht wie Sexualität auch karmisch zwischen Menschen wirkt: Ein 'Vater' in einem früheren Leben muß die Enttäuschung hinnehmen, daß der einzige Sohn den Hof nicht übernimmt, heute ist er der Sohn, sein ehemaliger Sohn ist der Vater ... und diesmal ist er es, der sich den Plänen verweigert, die sein Vater für ihn hatte ... Eine Frau erlebt sich in einem früheren Leben als Mann, dessen Frau die Feldarbeit ablehnt, indem sie die Aussaat nicht gießt und so die Lebensgrundlage der Familie in einem heißen Land bedroht. Er tötet sie. Heute ist 'er' als Frau die Untergebene der früheren Frau, das Funktionierenmüssen und Aufeinanderangewiesensein bestimmen wieder ihr Verhältnis ...

Natürlich spricht nichts dagegen, soziale Anerkennung als wohltuend zu erleben. So war es für eine Frau bedeutsam, daß sie in einem Steinzeitleben den Dorfhäuptling heiratete. In einer anderen Sequenz heiratete sie einen reichen Grundbesitzer, einmal war sie ein reicher Kaufmann, sie kam immer gut durch. Und heute überläßt sie ihrem Mann die Jagd nach Geld und Prestige, und er macht das auch ganz gut. Macht ist jedoch nicht alles: auch die ehedem gekrönten Häupter unter meinen Klienten berichteten meist, wie langweilig sie sich auf ihren Thronsesseln vorkamen. Einer Frau machte es viel mehr Spaß, in einem anderen Leben als Bäuerin auf ihrem Hof ihre Hühner zu füttern, als unzufrieden ihrem Hofstaat vorzusitzen.

So zeigt sich in der Abfolge früherer Leben, wie wir gelernt haben, daß wir unsere Welt durch unsere soziale

Stellung und Funktion hindurch erleben und gestalten. Die Bedeutung dieses sozialen Rahmens ist also für viele Menschen enorm wichtig.

Das Herz-Chakra - Energie und Lebensbereich

In diesem Bereich suchen wir nach Glück für uns und erreichen dies, indem wir auch das Glück für andere anstreben. Jesus sagte, an ihren Früchten soll man die Menschen erkennen, und er meinte damit, daß man leicht sehen kann, ob Menschen engherzig sind oder ein großes Herz haben. Unser Herz ist der Sitz aller Sehnsucht, aller Wünsche, es möchte sich ausdehnen und die Welt umarmen. Hingabe, Zuwendung, Einsatz für andere sind die Fähigkeiten, die das große Herz auszeichnen. Unser Herz treibt uns an, mit seinen Schwingungen erfahren wir freud- oder leidvolle Verbundenheit mit der Umwelt. Begeben wir uns auf die Energie-Ebene des Herz-Chakras, dann verlassen wir die niederen Entwicklungsstufen (oral, anal, phallisch, genital), die den Menschen auf eigennütziges, selbstsüchtiges Verhalten hin fixieren. Wir entwickeln ein höheres mental-psychisches Bewußtsein und verhalten uns auf dieser Stufe selbstlos. Wir erfahren uns durch Mitleid, Sympathie und Liebe motiviert.

Diesen Lebensbereich teilen die Tibeter den Menschen

zu, die Herzqualitäten auszuleben als das Schönste empfinden, das man unter Menschen tun kann. Eigentlich ist Glück ein sich Wohlfühlen in seiner Umgebung in liebevoller Verbundenheit mit Freunden, Arbeitskollegen und Harmonie in der Familie. Unser Herz darf spüren, daß Menschen, die uns gut gesonnen sind, auf der gleichen Frequenz schwingen, es "stimmt" zwischen ihnen und uns. Alle Energien treffen sich im Herzen und fließen über.

Doch ist gerade dieser Bereich in der Praxis recht schwierig zu leben. Wir meinen oft, uns selbst, bzw. unsere Bedürfnisse um der Harmonie willen opfern zu müssen. Oft wird die Freundlichkeit des Herzens von den Mitmenschen zur Erpressung benutzt.(Wer nein sagt, ist herzlos, wer auf seinen Rechten besteht, zerstört die Harmonie.) So kommt es, daß Menschen mit herzlichem Harmoniebedürfnis ausgebeutet werden oder in ein Klima permanenter Selbstausbeutung geraten. Sie sind dann immer für andere da und können "es nicht übers Herz bringen", eigene Interessen zu vertreten. Die Lösung des Problems ist die, wenn wir wirklich auf der Herzebene sind, (nicht nur lieben, weil man das soll), daß eine spürbare liebevolle Verbindung mit der Umwelt Belohnung genug ist. Nach der Sehnsucht ein 'coming home'... Das Herz ist immer Ziel und Höhepunkt jeder Lebensentwicklung, alle Wege führen zum Herzen.

Die Kräfte des Herz-Chakras aus den früheren Leben:
Die Entdeckung der Freude

Es ist nicht leicht, typische Beispiele für das Erleben der Herzebene zu finden. Obwohl sie unsere zentrale Ebene ist, ist sie nicht spektakulär, unser Herz schlägt immer, wir sind ja ständig mit unserer Umgebung verbunden. So belasse ich ganz einfach die Klienten gerne besonders lange und intensiv in Situationen, in denen sie positiv auf den Grundton ihres Herzens eingestimmt sind. Ein junger Mann bricht freudig in die Welt auf, alles um ihn atmet Mut und Zuversicht, ein alter Mann hat sich nach einem Unfall endlich mit seiner Lähmung abgefunden und sitzt in der Sonne vor seinem Haus und betrachtet die Kinder auf der Dorfstraße ... Ein anderer junger Mann arbeitet in einem griechischen Hafen und wird später von seinem Handelsherrn an Sohnes statt angenommen und erlebt Zuneigung, Reichtum, Vertrauen. Eigentlich sind dies Szenen, bei denen auch ich mich mitfreuen kann. So auch hier: Eine Frau in Ägypten war das Opfer von Intrigen gegen ihren Vater, konnte aber flüchten und lebte dann glücklich mit ihrer Familie in einem Haus am Meer. Dann genieße ich es, diese guten Gefühle wieder zu wecken, sie ihr Glück intensiv spüren zu lassen; einen Sonnenuntergang wiederzuerleben, ihre Blumen am Haus, die Freude, die sie umgibt, die sie sich damals schaffen konnte.

Solche Stimmungsbilder geben Vertrauen in unsere Kraft, unsere Lebensdinge zum Guten zu bringen, was unser aller Ziel ist. Der eigentliche Prophet des Herzens ist Jesus. Zwei meiner Klientinnen lebten zu seiner Zeit in Palästina und berichteten unabhängig voneinander, wie aufgeregt und ergriffen die Menschen waren und nächtelang an ihren Hirtenfeuern von ihm sprachen. Etwas Neues erfaßte die Menschen, es ging damals wirklich ein Ruck durch ihre Herzen! Und ich durfte während der Sitzungen Zeitzeuge dieses Quantensprungs sein ... Andererseits berichten Menschen aus ganz frühen vorgeschichtlichen Leben, wie sie fast ohne Sprache, ohne Musik, ohne Religion eintönig und langweilig vor sich hinlebten, damals hatte man die spätere 'Ungeduld des Herzens'(S. Zweig) noch nicht entwickelt ... So haben wir im Lauf unserer Geschichte und Inkarnationen Herzqualitäten hervorgebracht, indem wir einen Sinn für Herzlichkeit erworben haben, die uns wirklich glücklich macht. Wenn wir das Herz als Sitz des Lebens selbst ansehen, das uns mit seinen Impulsen Kraft, Mut und Freude gibt, dann können wir leicht verstehen, daß die Lichterscheinung, die uns nach dem Tod liebevoll, freundlich strahlend und reinigend empfängt, eine Weiterführung dieser Herzenergie ist, aus der heraus wir leben.

Das Kehl-Chakra - Energie und Lebensbereich

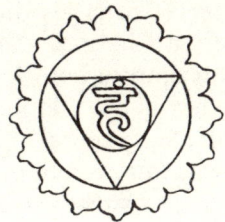

Dieser Bereich regiert unsere bewußte Kommunikation mit der Umwelt. Hierzu haben wir geregelte Systeme (Sprache, Gedanken, Zeichen, Gesten, Farben) aufgebaut. Dieses Denken ist eine wunderbare Bereicherung: Erfahrungen (Liebe, Genugtuung, Ärger) sind da und werden vom Denken in einer abstrakten Form aufgenommen und bewußt faßbar gemacht. Was uns geschieht, wird zusätzlich noch einmal verarbeitet. Man spürt Liebe, aber wenn man über sie bewußt nachdenkt, geschieht sie doppelt. Dies ist ein noch größeres Wunder, als wenn wir unsere Gefühle nur unreflektiert erlebten.

In der Bioenergetik (Lowen) spricht man vom Hals (5.Chakra) als einer Brücke, die zwischen dem Körper als Sitz der Gefühle und Instinkte und dem Kopf als Sitz der geistigen Fähigkeiten lustvoll vermitteln soll. So kann in uns ein Klima von "Denkfühlen" entstehen, wie etwa in den Gedichten von Baudelaire, die man zu riechen und zu sehen glaubt.

Wichtig ist, daß dieses Denken mit der Körperbasis

verbunden bleibt. Ohne diese Innerlichkeit wird Systemdenken oft nur zu totalitärer Unterdrückung und Ausbeutung. Die zerstörerischen Auswirkungen dieses Vorgangs werden deutlich, wenn Abstrakta wie Staatsraison und Vorschriften wichtiger werden als die Emotionen Liebe und Mitleid des vierten Chakras. Dann soll man Amtshandlungen als positiv empfinden, die sich oft unmenschlich auswirken. Auch Sekten, Glaubensrichtungen und Parteien verlangen oft Denkgehorsam, der gegen den Körper gerichtet ist (Vorschriften, Verbote, Kasteiungen). Dann wird das Denken zum eifersüchtigen Gott, so nennen die Tibeter den fünften Bereich. Dieses Denken schafft seine eigene Welt, aber die Schöpfungen dieses Bereiches sind nur Konkurrenz zur göttlichen Natur. Ein Flugzeug ist nur eine mechanische Nachahmung eines Vogels. Krankheiten werden mechanisch mit Wissen bekämpft, das man der Natur abgepreßt hat, aber mit Heilung hat das wenig zu tun.

Abhilfe kann geschehen, wenn wir auf die Versuchungen des Denkens zur mentalen Beherrschung der Welt verzichten. Statt gegen die Natur zu arbeiten, lernt unser Denken wieder bewußt mit unserer inneren Natur zu harmonieren. Das Denken wird dann ein Sich-Hineinversetzen in die Geheimnisse der Welt, dazu geben wir unsere egoistischen Denkansprüche auf und dienen der göttlichen Welt, statt sie beherrschen zu wollen.

Die Kräfte des Kehl-Chakras aus den früheren Leben:
Vom Denken zum Wissen

Gleich zu Beginn ein Beispiel für solch faustisches Denken, das über die Natur triumphieren will und doch unbewußt seine eigene Niederlage vorbereitet: Eine Frau erlebte sich als Mann, der ein Mittel gegen die Pest sucht: "Ich habe lange, strähnige, weiße Haare, habe runde Gläser und eine Flamme, schreibe etwas in ein Buch, schüttle Lösungen zusammen, da ist ein Puff, eine Rauchwolke, bin fanatisch, habe Hunger, aber ich will nicht essen, das stört mich nur, ich brauche Blut von Pestkranken, renne raus, da ist ein Pestkarren, lasse ihn vor mein Kabinett fahren. Ich zerre einen Toten rein, ich habe Ratten in einem Käfig, ich schneide seinen Arm auf, eine Ratte soll sein Blut trinken. Mir geht das alles zu langsam, die anderen Menschen halten mich für verrückt, manche flüchten, wenn sie mich sehen. Irgendwann habe ich ein Mittel gefunden, bei einigen wirkt es, bei anderen nicht. Ich sterbe, weil ich mich am linken Arm geschnitten habe, er heilt schlecht, Fliegen kommen ... Das Mittel war zum Trinken, aus Kräutern, Innereien von Tieren, sowie von der Pest befallenen Ratten, es war wie ein Gegenmittel zur Pest, wurde zerstampft und getrocknet, dann zerrieben. Ich bin unzufrieden, dieses Gefühl nehme ich auf das Sterbelager mit ..."

So sind viele Revolutionäre einsam, viele Kämpfer für Ideen wollen diese zwar verbreiten, aber sie kapseln sich dennoch ab. Eine andere Frau erlebte sich als Geschäftsmann im mittelalterlichen Italien, er schrieb, "was ich so denke", nichts interessiert ihn sonst, sein Lebensziel ist es, aus dem Geschriebenen etwas zu machen, aber seine Botschaft, daß die Menschen zu unterwürfig sind und sich zu viel gefallen lassen, kommt nicht an. Ganz alt geworden, muß er einsehen, daß seine Ideen gut sind, aber "die Menschen, die solche Ideen verstanden, haben es mitgekriegt, die anderen müssen immer arbeiten und kriegen deshalb nichts mit. Ich habe es nicht richtig angepackt ..."

Man erkennt an beiden Beispielen die starken Identifikationskräfte dieser Ebene, aber auch wie steril, dürr und freudlos dieser Denkfanatismus ist. Eine andere Klientin war als Junge in Afrika Lehrling bei einem alten Medizinmann, der Kranke heilte, weil er mit Geistern reden konnte. Sie tat aber nur so, als könnte sie diese Geister ebenfalls wahrnehmen, versagte in einem entscheidenden Fall und wurde davongejagt. Später war sie Chirurg in Deutschland, kämpfte verbissen um das Leben auch aussichtsloser Fälle und verwünschte Gott, der 'ihre' Kranken trotz aller Bemühungen sterben ließ. Ganze Stapel Bücher konnten ihr das erlösende Wissen nicht geben, sie hatte es nicht in sich, daher die Verzweiflung.

Es sieht so aus, als ob diese Problematik eine männliche ist, denn heutige Frauen hatten eine männliche Existenz angenommen, um diese Erfahrungen zu machen. Wenn Menschen so auf ihre angelernten Regeln und Vorschriften hin handeln, wirken sie schizoid, weil sie den Kontakt zu sich selbst verlieren. Wir stehen damit in der Diskrepanz zwischen sachlich-sterilem Denken, das oft Aggressionen notdürftig verkleidet (ein Bischof wird als "Allzweckwaffe Gottes" bezeichnet), und einem innerlich-sinnlichen Denken, das wie eine Begleitmusik zur Welt wird und einfach stimmt.

Denken alleine ist eben noch nicht Wissen, wissen können wir nur, wenn auch der Körper 'zustimmt'. Dann harmoniert unser Denken mit unserer Ganzheit und wir wollen nicht mehr mit dem Kopf durch die Wand.

Das Dritte Auge - Energie und Lebensbereich

Als Alexander der Große dem weisen Diogenes in Aussicht stellte, ihm alles zu geben, was er sich wünschte, sagte dieser nur, "Geh' mir aus der Sonne." Er meinte damit, die Sonne ist da, wie die gesamte Existenz, sie kann man nicht kaufen, wünschen, teilen oder erobern. Diese Sicht wird durch die Weisheit unseres Dritten Auges erschlossen. Das Dritte Auge sieht in einem Grashalm das All, in einem Tautropfen die Ewigkeit. Hier wird die Erkenntnis von den Einschränkungen des Ichs befreit. Die denkerischen Strukturen der fünften Stufe werden aufgelöst in eine neue Sicht der Welt, die intuitiv und ganzheitlich und nicht mehr verzweckt ist. Wir erkennen, was ist, nicht mehr nur, was wir uns vorstellen. (Alexander mit seinen Eroberungen lebte noch in seiner Vorstellungswelt und starb jung an ihr ...)

Doch viele Menschen werden noch von Sorgen, Ängsten und Stress beherrscht. Wenn man genau hinsieht, sind dies Einbildungen, die von negativen Gedankenkräften herrühren. Die eingebildete Katastrophe, in der viele Menschen leben (sie sind nichts, können nichts, es ist ein Wunder, daß alles trotzdem irgendwie klappt), wird auf der Ebene des Dritten Auges von einer entspannten, positiv empfundenen, überpersönlichen Wirklichkeit abgelöst. Diese Wahrnehmungsebene nennen die Tibeter die der Götter. Die Sicht durch das Dritte Auge zeigt, daß wir in kosmischem Überfluß leben. Alles ist da. Kampf, Not und Sorgen sind nur emotional-gedankliche Produkte von Negativität. Auf der Ebene der Intuition hört der Dualismus "gut/schlecht" auf. Ich muß bekennen, ohne meine Erfahrungen mit der Reinkarnationstherapie hätte ich diesen Dualismus nie verlassen können. In 'nur' einem Leben erhalten Unterschiede eine viel größere Bedeutung als in der Folge vieler Existenzen ...

Auch die früheren Leben werden in einem solchen Zustand erschlossen, die Methode der Rückführung geht ja über den beschränkten Rahmen der Normalwahrnehmungen hinaus. Der luzide Zustand, der während der Sitzungen erreicht wird, kann dann in den Alltag übertragen werden, die Einsichten des Dritten Auges bleiben erhalten und werden integriert.

Die Kräfte des Dritten Auges aus den früheren Leben:
Ekstase und Genuß

Hier gibt es kein "entweder oder", kein "gut oder schlecht". Die erreichte Stufe erlaubt den Einklang innerer und äußerer Wahrheiten. In den Rückführungen werden Erlebnisse zutage gefördert, in denen früher tiefste Harmonie des Selbst mit der Welt geschah. Oft waren dies Rituale, in denen die Kräfte der Umgebung sich mit den Empfindungen der Menschen zu rauschhafter Ekstase verbanden. Eine Frau erlebte sich als Mittelpunkt einer Zeremonie in einem Steinkreis, sie hatte einen bemalten Körper und konnte sich total und ohne Einschränkungen dem (auch sexuellen) Geschehen überlassen. Jemand erlebte in seiner Ausbildung zum Druiden, wie Objekte durch seine Konzentration auf sie zu leben begannen, bis er die strahlende Leuchtkraft der heiligen Ritualsteine sehen und auch Menschen mit dieser Kraft heilen konnte. Klöster in Tibet, Tempel in Ägypten, Zeltlager in der Wüste, Steinanordnungen in unseren Breiten waren sehr hilfreiche Orte, die meine Klienten wieder aufsuchen konnten, um an magisches Eintauchen in direktes Sein anzuschließen.

Ich freue mich sehr, wenn eine solche Wiederaufnahme gelingt, dabei wird aber auch schmerzhaft bewußt, wie weit wir in unserer heutigen Gesellschaft von solchen inspirierenden Erfahrungen abgekommen sind. Ein Klient, der wegen einem Suchtproblem zu mir kam, erlebte sich in einem Kreis von Magiern, die so viel Energie unter sich aufgebaut hatten, daß sie miteinander aus großen Entfernungen kommunizieren konnten. Auch er sah die Leuchtkraft der Steine und in einer Kombination von Rückführung und Rebirthing atmete er sich in einen leuchtenden Diamantstein hinein. Das war für ihn das reinste und schönste Gefühl, das er je in seinem jetzigen Leben gehabt hatte. (Sein Drogenproblem war wohl nur der Versuch, wieder an diese ursprüngliche Reinheit anzuschließen.)

Da allerdings auch früher die Details der höheren Weihen und Initiationen geheimgehalten wurden, möchte ich auch hier nicht zu sehr in die Details gehen. Wer den Zugang zu der unschuldigen Intuition des Dritten Auges nicht hat, wird in Ritualen nur Hokus-Pokus oder Orgien sehen. 'Dem Reinen ist alles rein', ist zwar leicht gesagt, aber für viele Menschen nicht wirklich nachvollziehbar. So werden auch die Rückführungen zu einem reinigenden Ritual, das an frühere klarsichtige, exstatische Energiezustände anknüpfen läßt. Wer sich in einem Zustand wiedererleben kann, in dem er die Schwingungen des Dritten Auges offen spürt, weiß wieder, welche Kräfte (siddhis) er einmal hatte. Wenn in den Sitzungen die Schwingungen, die durch das Dritte Auge eröffnet werden, wieder auftreten, verändert dies auch die Handlungs- und Sichtweisen insgesamt. Es ist mir wichtig, klarzumachen, daß die oben angedeuteten reinen Geschehnisse der inspirierenden Intuition kein Selbstzweck, sondern eine Befreiung sind.

Das Dritte Auge ist eine Warte, ein Organ, das die Energien unseres Seins neu erfährt und uns für die totale Inspiration öffnet.

Das Kronen - Chakra - Energie und Lebensbereich

Am Anfang war das Licht. Und es lebt immer weiter in uns fort. Wir sind Licht in Materie. Die moderne Physik weiß, daß Licht spontan in Materie umwandelbar ist und umgekehrt, aber wir sind beides. Der Lichtcharakter des siebten Chakras ist jedoch so wenig materiell, daß er keinen eigenen Lebensbereich prägen kann. Im tibetischen Lebensrad gibt es daher nur sechs Bereiche, denn bei den meisten Menschen wird die Lichterfahrung von den Schwingungen der anderen Bereiche überdeckt.

Um die außermateriellen Eigenschaften des Kronenchakras (tausendblättriger Lotus) darzustellen, wird in Asien gelehrt, daß es oberhalb der Schädeldecke zu finden ist, also nicht in unserem Körper liegt. Dies erinnert an die Symbolik des Heiligenscheins. In allen Kulturen wird von Erleuchtung, dem heiligen Geist, einem Christusbewußtsein oder Transzendenz gesprochen bzw. von der Überwindung des irdischen und der Erlangung eines göttlichen All-Eins-Bewußtseins.

Die sieben Chakren werden dann als sieben Stufen,

Räume oder Brücken bezeichnet, über die man schreiten muß, um zum Ziel zu gelangen. Da jedoch jeder einzelne Bereich von den sieben anderen Bereichen mitgeprägt wird (wie in einem Hologramm, wo jede Information jede andere Information mit beinhaltet), stimmt kein Bereich, solange ein anderes Chakra noch blockiert ist. Deshalb hielt man es für das beste, wenn der ernsthafte Sucher sich aus der Welt zurückzog, um ihren Verlockungen nicht mehr ausgeliefert zu sein. Es ist leicht verständlich, daß man in der Welt immer schnell in Versuchung gerät, hinter den Objekten seiner Begierde herzulaufen und sich in einem Strudel von dualistischen Auffassungen (will ich/will ich nicht, muß ich haben/ist mir egal etc.) verliert.

Man kann aber auch Energie ansammeln und durch die Chakren gehen, indem man 'nur' ihre Schwingungsformen in sich wahrnimmt, ohne sie real maximal (möglichst viel Besitz, Sexualität, Sicherheit, Herzlichkeit usw.) ausleben zu wollen. Dann lebt man das Leben als ein Spiel von Möglichkeiten, die sich wie von alleine realisieren, und spürt, wie die Energiezentren wie von selbst Kraft sammeln, statt sich in äußeren Aktivitäten zu verströmen. Dies wäre eine meditative Lebensweise, die man auch ohne Kloster durchführen kann. Besonders die Literatur der Sufis zeigt, wie man erfüllt in der Welt leben kann und höchste Schwingungen erreicht, indem man den symbolischen Charakter der Welt erkennt und respektiert. Auch Jesus spricht wie ein Sufi durch die Blume seiner Erleuchtung und wird nur zu oft platt materialistisch interpretiert, als spräche er wie ein Schulmeister von der normalen Wirklichkeit. Gerade diese Wirklichkeit ist Einbildung und wird in dem Erleben früherer Reinkarnationen transzendiert. Bin ich der jetzige Mensch, bin ich meine Vergangenheit, oder der, der ich sein werde? Die Antwort "Alles" ist nur dann zu verstehen, wenn man sich als Hologramm aus

Licht und Materie, aus Vergangenheit und Zukunft begreift. Die feste Struktur eines Ichs in einem Leben wird durchbrochen, wie auch die Fixierung an den jetzigen Körper in diesem Leben relativiert wird.

Nun kommt es zu Erfahrungen der reinen Lichtenergie, wie sie nach dem Tod (wie auch von Reanimierten beschrieben) mit dem Lichtkörper (anandamayakosa) erfahren werden oder ganz zu Anbeginn unserer Existenz geschahen, als unser Licht in Materie eintrat.

Die Kräfte des Kronen-Chakras aus den früheren Leben:
Zum Licht ...

Einige meiner Klienten sind bis zu ihrer Urzeugung zurückgegangen. Eine Klientin erlebte, wie sie reines Licht war, das von einem Ufo begleitet wurde, von dem sie kam. Dann drang sie in einen ganz frühen Menschen ein, erfüllte ihn ganz. Sie spürte dies als orgasmisches Geburtserlebnis, war aber gleichzeitig traurig, daß es mit ihrer Lichtfreiheit nun vorbei war. Und während sie Rituale durchführte und den Mitgliedern ihrer Gruppe ihre Lichtfreude vermitteln wollte, litt sie unter einem starken Getrenntsein, da die anderen sie nicht verstehen konnten. Dies muß man einfach akzeptieren: Das Lichtgeschehen spielt sich auf einer Ebene der Energien ab, die nicht verstanden werden können. (Und wer sich schon an dem Ufo gestoßen hat, sollte zulassen, daß es auf der Lichtebene Dinge gibt, die auf den Normalebenen nicht existieren, schlicht und einfach deshalb, weil sie da nicht wahrgenommen werden können.) In späteren Inkarnationen (in einer davon trafen wir uns in einem ägyptischen Tempel), machte sie dann einen Abstieg in niedere Ebenen durch, indem sie trotzig und böse auf den Verlust des ursprünglichen Lichts reagierte und andere Menschen verletzte, auch tötete ... Ihre liebste Tarotkarte ist die des Teufels, der ja auch als Luzifer sein ursprüngliches Licht verlor und verzweifelt wieder sucht.

Eine andere Klientin erlebte sich vor ihren körperlichen Inkarnationen als freie Lichtgestalt zusammen mit anderen Lichtwesen. Danach schrieb sie mir: "Dieses über mich ausgegossene heilende Licht mit den so liebevollen Wesen war die vollkommenste Versöhnung mit mir und der Welt, die man sich je vorstellen kann. Ich habe die Verbindung mit dem Universum als lebendiges, liebendes Bewußtsein erfahren dürfen." Auch sie mußte später tief in die Niederungen des Menschenlebens einsinken; einmal wurde sie dabei als Dieb hingerichtet. Ihre Lieblingskarten des Tarot sind Gerechtigkeit und Auferstehung ...

Ich berichte dies, um zu verdeutlichen, daß in uns Menschen der Abstieg des Lichts ins materielle Leben stattgefunden hat. Ob wir aus Ufos kamen oder durch die Evolution gingen, vielleicht stimmen beide Versionen. Doch weder eine Suche nur nach dem Licht, noch eine Anerkennung allein der materiellen Realität ist angebracht: Gerade in der Erfahrung der Verbindung beider Prinzipien während der Rückführung liegt das tiefste Geheimnis des Licht-Chakras - und unsere höchste Herausforderung. Diese Trennung zwischen Licht und Materie spiegelt sich auch darin wieder, daß das Kronenchakra außerhalb des Schädels liegt. Es hat so eine Brückenfunktion beim Verlassen des Körpers. Im Tod konzentriert sich dort die Lichtenergie, mit deren Hilfe wir den Körper verlassen.

Im Tod werden wir also erleuchtet: in einer Kettenreaktion (bei Unfällen schockartig) vereinigen sich alle Energien der Chakren zu einer Licht-Superenergie im Kronenchakra, der Astralleib als Energiekörper tritt aus. Teile dieser Astralerfahrungen stelle ich im Kapitel Tod dar. Vielleicht kann man mit dem Begriff Energie eine Brücke zwischen den Polen Licht und Materie schlagen. In uns verbindet sich vitale Lebensenergie, die körperlich geprägt ist, mit überpersönlich reiner, liebender Lichtenergie, die das ganz andere ist. Auch in den Rückführungen gilt: entweder werden Körperlosigkeit, Licht, Schweben etc. erfahren, oder man hat seinen inkarnierten Körper, mit dem man die materielle Welt durch eine frühere Person erfährt. Im Leben spüren wir Materie, im Tod das andere, aber beides ist immer gleichzeitig da. So ist unsere Ruhelosigkeit zu erklären, bis wir nach dem Tod heimkommen ins Licht - und dann doch wieder von unseren vitalen Energien in die nächste Inkarnation hineingezogen werden ...

Die individuelle Arbeit mit früheren Leben

Die Methode: Heilung durch Einswerdung

Seit über zehn Jahren arbeite ich an der Methode der Rückführung. Die Erkenntnisse, die sich aus dieser Praxis ergeben, werden für mich täglich faszinierender. Der Weg ist das Ziel, bereits die Methode bringt die Klienten in einen heilenden Erfahrungszustand. Der Klient wird in einen hypnoid-zentrierten Wachzustand versetzt, in dem er sich frei dem überlassen kann, was ihm geschieht. (Als Induktion verwende ich akustische Reize wie Obertongesang, besonders schwingende Instrumente und Suggestionen, wie aus dem Autogenen Training bekannt). So wird zuerst der kritische 'mind' ausgeschaltet, die Klienten finden zu sich. Auch die neuere Hypnoseforschung bestätigt: alleine das Erleben eines hypnoiden Zustands wirkt beruhigend auf Körper und Hirnwellen. Ich möchte hier auf Phänomene eingehen, die bei der Methodik der Rückführung eine wichtige Rolle spielen. Wenn man sie versteht, erfaßt man auch das Geschehen innerhalb einer Rückführungssitzung.

Die gespaltene Zeit

Wenn man genau hinsieht, leben wir in einer gespaltenen Zeit. Wir sprechen fast immer nur von der äußeren, meßbaren Zeit, selten jedoch von unserer inneren Zeituhr, etwa wenn diese nach einem Flug mit Zeitunterschied noch verstellt ist. So ist es auch weithin unbekannt, daß die innere Zeit (Circadischer Rhythmus, vermutlich von der Hirnanhangdrüse Hypothalamus geregelt) auf 25 Stunden, nicht etwa auf die 24 Stunden einer Sonnenumkreisung der Erde eingestellt ist. Wir leben also nicht synchron mit der äußeren Zeit! Dieser Unterschied erzeugt auch eine Unruhe oder Spannung, die uns zu Aktivität treibt. Dies spürte ich, als ich in einem buddhistischen Kloster meditierte und anfangs Anfälle von Aktivitätswut oder Langeweile hatte. Meine innere Uhr wollte sich nicht gleich auf das einfache 'Hier und Jetzt' einstellen lassen. Wir haben somit eine innere Zeit, die uns ein unabhängiges subjektives Zeitgefühl ermöglicht. Der Zeitunterschied zwischen innerer und äußerer Zeit ist genau die Energie (Unruhe), die wir zur Ausführung unserer Pläne und Arbeit benötigen. Wir schaffen selbst eine Spannung zwischen dem Jetzt und dem Später. In den Momenten, in denen diese Spannung für mich durch Meditation aufhörte und ich ganz synchron mit der Welt war, hatte ich Erleuchtungserlebnisse, im Zen "Satori" genannt, die mich in eine total andere Welt versetzten. Wir können uns mit unserer subjektiven Zeit von der äußeren Zeit lösen. Das ist die Basis, auf der die Rückführung erfolgt. Mein Wissen von der Zeitverschiebung hilft mir, die Klienten auf eine Zeitschiene in die Vergangenheit zu schicken. Dies geschieht ebenso natürlich, wie es unser doppeltes Zeitgefühl von sich aus auch ist.

Wir zeichnen alles auf

Wir erleben die gegenständliche Welt über die symbolhafte Auflösung im Hirn. Hir sehen, riechen und schmekken eine innere Projektion, die uns als Realität erscheint.

Von dieser zeitgleichen Realprojektion (wir erleben das Hier und Jetzt) wird eine Aufzeichnung gemacht, die wir Gedächtnis nennen. Im Gedächtnis verbleibt ein Haus, das wir uns vorstellen können, ohne selbst dort zu sein. Im hypnoiden Zustand haben wir einen besonders guten Zugang zu dieser Gedächtnisaufzeichnung. Jemand konnte mir einen Helm, den ein Gegenüber vor tausend Jahren trug, genauer beschreiben, als einen Gegenstand, den er tags zuvor in der Hand hatte. Selbst nach Jahren sind alle erlebten Szenen aus diesen früheren Leben noch abrufbar. (Man vergleiche dies mit der Praxis in den USA, Zeugen unter Hypnose aussagen zu lassen, weil sie sich dann an Details erinnern können, die sie ansonsten längst "vergessen" hatten.)

Luzide Direktheit

In der Rückführung gerät man in Trance, einen Zustand, der auch in schamanistischen Visionen erreicht wird. Es ist eine Verwandlung, in welcher der Übende auf seinen inneren Kräften reisen und so zu etwas anderem werden kann. (Er ist anders nur in Bezug auf die normale synchrone Realwahrnehmung , nicht in bezug auf das, was er wie selbstverständlich als frühere Leben erlebt). Die früheren Leben werden in einem Zustand sehr klarer Direktheit erlebt. Bilder, Gefühle und Wahrnehmungen geschehen unvermittelt, ohne Einmischung des Verstandes. Diese Klarheit hat meditativen Charakter.

Hier ein Beispiel, wie ein Klient eins mit der Zeitbewegung und allen damit verbundenen Geschehen wird: Der Klient findet sich in einem Schützengraben des ersten Weltkriegs wieder und nimmt den Weg dahin genau wahr. Er wird zu seinem Ziel: Lichtpunkt, Mensch im Vorleben.

"Bilder ziehen an mir vorbei, eine Fülle von Bildern, ein Eindruck wechselt mit dem andern. Irgendetwas, ein Punkt zieht mich an. Es fühlt sich an, als würde ich in eine Röhre oder einen Trichter gezogen. Dann (ist) nur noch Ruhe, Farbeindrücke, Schwerelosigkeit, ein Gefühl wie in einem Luftballon oder einer Kaugummiblase. Wieder geht es zurück in die spiralförmige Röhre oder den Trichter. Irgendwo ist ein Lichtpunkt, der mich anzieht. Ich schwebe darauf zu und im Augenblick, wo ich diesen Vorgang wahrnehme, werden meine Bewegungen langsamer, und ich bewege mich auf etwas anderes zu, in eine andere Richtung. Ich spüre einen starken Schmerz in der Brust, finde mich in einer chaotischen Situation wieder, um mich herum Soldaten, es herrscht ein wildes Durcheinander. Ich habe Angst und empfinde Panik und Hoffnungslosigkeit, Ausweglosigkeit, totale Angst. Nichts ist mehr veränderbar, ich bin dem allem ausgeliefert. Da sind Panzer, ist Feuer, Lärm, Durcheinander, Schmutz, Dreck, Geschrei, Gestank ..." Das Innere Auge sieht also direkt, ohne gedankliche Hindernisse. Dies entspricht einer Grunderkenntnis des Yoga, daß unser Denken die Wahrnehmung eher behindert, als sie zu fördern. Der Klient weiß, er kann sich mühelos dem anvertrauen, was kommt. Er macht eine wirkliche Reise zu Geschehnissen, die echt und nacherlebbar sind. Auch die moderne Pädagogik weiß, daß das Gefühlsgedächtnis besser wirkt als das abstrakte Denkgedächtnis, das leider zu ausschließlich trainiert wird.

Frühere Leben, ein heilsamer Hormonstoß

Der Klient darf sich entspannen und seinen Gefühlen überlassen. Er wertet nicht mehr, bezieht nicht mehr mental-kritisch Stellung zu dem, was er erlebt. Dies hat positiv zur Folge, daß unangenehme oder moralisch belastende Dinge (ein Mord etwa) direkt, aber nicht reflexiv wertend erlebt werden. Der Klient sagt sich also nicht: "Und das MIR!" Unsere heutigen Wert- und Moralmaßstäbe wirken nur auf der heutigen Denkebene (im Vorderhirnlappen angelegt), und die ist ja ausgeschaltet, sonst wäre man nicht in ein früheres Leben gelangt. Eine Frau war völlig überrascht, als sie sich erlebte, wie sie als junger Mann bei einem Überfall auf ein feindliches Dorf eine Frau erwürgte. Sie tat es jedoch ohne jedes Unrechtsbewußtsein, das war damals so, sie (er) dachte sich nichts dabei. Heute hat sie einen ausgesprochen karitativen Beruf, da würde sie dieses Verhalten kaum billigen.

Eine andere Frau erlebte sich, wie sie als afrikanischer Jäger ein Wildschwein erlegte, das war für den damaligen Menschen, als den sie sich erlebte, so selbstverständlich, wie es für sie heute ist, wenn sie einem Ladenregal eine Packung Tee entnimmt. Und so machen wir die befreiende Erfahrung, daß Gefühle eigentlich nie negativ sind, sie werden es erst, wenn unser Denken sich gegen sie wehrt! Die früheren Leben geschehen also in einem Klima großer Akzeptanz, deshalb wirken selbst belastende Erlebnisse erfrischend und belebend, da sie nicht vom Normalverstand abgelehnt werden können. Das Erleben eines früheren Lebens ist somit einer von Schamanen angewendeten künstlichen Stress-Situation (mock-stress, wie etwa Fallschirmspringen) ähnlich: Im früheren Körper wurden damals durch die real aufregende Situation Endorphine ausgeschüttet, der Körper des Übenden macht ähnliche Reaktionen durch, es kommt z.T. zu Weinen, Schmerzen, starken Gefühlen. Was man früher einmal ausgestanden hat, kommt einem nun als heilender Hormonstoß wieder zugute.

Es gibt nichts Abstraktes

Wenn nun jemand den Auftrag erhält, sich etwas ganz Heißes vorzustellen, dann wird er auf bekannte Erfahrungen zurückgreifen, wie die Hitze am Herd oder unter einem Brennglas. Meist wird dann auch eine Situation dazu imaginiert werden. Mir kommt beim Schreiben das Bild hoch, wie ich als Kind die Abstrahlung glühendheißen Eisens beim Schmied als heiß erlebte, oder ein Gang durch Delhi, das gerade einen Hitzerekord erlebte. Ähnliches kann man bei der Zeitreise annehmen. Wie ich beim Hitzebeispiel auf bereits gelebte Erfahrungen zurückgreife, wird auch die Zeitreise mit bereits erlebten Inhalten ausgefüllt werden. Es gibt keine abstrakte Phantasie. Alles, was wir Phantasie nennen, haben wir uns zuvor angeeignet. Für die Rückführung bedeutet dies: alles, was hochkommt, existierte zuvor schon im Klienten. Ich lasse alles gelten, selbst wenn ich es von meinen Bewußtseinsinhalten her unwahrscheinlich finde.

Einswerdung

Ich lade den Klienten ein, nur das zu fühlen, was sich mit meinen Worten verbindet. Der Klient folgt also nicht mir, er folgt sich. Diese Erfahrung ist der des Pratyahara Yoga (Rückzug der Sinne nach innen) oder des Autogenen Trainings ähnlich. Es geschieht dadurch immer mehr innere Ruhe, der Klient fühlt sich in dem, was er erlebt, geborgen, nichts stört ihn mehr. Es ist auch kein abgetrenntes 'Ich' mehr da, das an irgendetwas Anstoß nehmen könnte. Allein das Erleben dieses Zustandes ist bereits eine tiefe und gute Erfahrung. Diese selbstbezogene Technik wird oft im Autogenen Training, in Meditation oder Hypnose benutzt, die Rückführung ist eine spezielle Anwendung. Ähnlich bewirkt der afrikanische Mganga (Zauberer) durch Identifikation mit dem Totemtier im Klienten eine heilende Einswerdung mit allen positiven Kräften des Tieres. (Der Kranke war oft nur dadurch krank, daß er über einen äußeren Konflikt den Bezug zu seinem Totemtier verlor). Im asiatischen Bereich heißt Yoga ebenfalls Eins-sein (das Wort ist ethymologisch verwandt mit Joch). Hier wird Einssein mit Liebe (Bhakti), mit dem Verstehen (Jnana), mit dem Körperbewußtsein (Hatha), oder mit dem Guru (darshan= Ansehen, die gleiche Luft atmen, satsang = Zusammensein mit den anderen Schülern) erreicht. In unserer postchristlichen Zivilisation wird dieses Einssein nicht mehr traditionell (gebunden an Jesus, Maria, Lieder, Gebete, Tänze und ethische Werte) angestrebt. Die Menschen suchen individuell Identifikationsmöglichkeiten auf ganz verschiedenen Gebieten, etwa im Sport, in der Kunst, (Töpfern, kreatives Gestalten), in der Politik als Religionsersatz, aber man bleibt an der Oberfläche und ist frustriert. Doch wer die Reinkarnationserfahrung macht, ist eins mit sich. Auch die früheren Leben tragen zu dieser Einswerdung bei. Durch diese Trance-Erfahrung von Loslassen, Gedankenlosigkeit, direkter Erfahrung wird der Klient an die universale Lebenskraft angeschlossen, die wir alle sind.

Die Erfahrung der inneren Dynamik

Statt eine Ahnenreihe zu verehren, erlebt man sich in eigenen vergangenen Inkarnationen und erhält Sicherheit. Statt von anderen Lehrern und Heilern geführt zu werden, entdeckt man den inneren Lehrer und Heiler, der durch die Existenzen, durch Leben und Tod führt. Statt seine Ich-Kraft für den 'Lebenskampf' zu trainieren, findet man

Anschluß an die universale Kraft, die alles treibt und bewirkt. Die Rückführung ist eine Einführung in die Tatsache, daß wir unser eigener Mythos (in anderen Begriffen: Seele, Atman, Geist, Totem, Gottheit) sind, den wir aufgebaut haben und ständig erneuern. Diese Erfahrung ist eine Einweihung in eine von unterbewußten Zwängen befreite, entgrenzte Wirklichkeit von ganz neuer, eigener Kraft.

Die Methode der Rückführung wirkt somit wie ein Initiationsritual, bei dem der Eingeweihte Zugang zu seiner innersten Wirklichkeit erhält. Er kann dann seine jetzige Wirklichkeit besser meistern. Er erhält einen neuen Bezug zu den Kräften, mit denen er sich auf dieser Welt einläßt. Diese Kräfte, mit denen wir uns fördern, aber auch hindern können, seien in den nächsten beiden Abschnitten gezeigt.

Unsere drei Energieformen (Gunas)

Im indischen Yoga (Sankhya) spricht man von drei Zustandsformen (Gunas) der seelischen Individualität des Menschen. Das tamasische Prinzip bewirkt Trägheit und Lethargie, das rajasische Prinzip erschafft Aktivität und Leidenschaft, und das sattwische Prinzip ermöglicht Wissen, Licht und Ausgleich. Als ich mich vor Jahren mit dieser Aufteilung beschäftigte, erklärte sie mir vieles: Manche Menschen leben gebremst-vegetativ ihr Leben ab, ohne sich für andere Möglichkeiten zu interessieren, (tamasisch), andere leben ihr Dasein aktiv, solidarisch, offen und kommunikativ, (rajasisch), wieder andere wollen Zufriedenheit, Glück und Harmonie wirklich erleben (sattwisch).

Man kann, wie ich jetzt zeigen möchte, mutlos machende, bremsende (tamasisch wirkende) Faktoren aus früheren Leben aufspüren und entkräften und somit Blockaden lösen. Man kann störenden (rajasischen) Aktivkräften (Leistungzwänge, Prestigesucht, Erfolgsdruck) ihren neurotischen Charakter nehmen und damit innere Ausgeglichenheit fördern. Oder man kann frühere, befreite (sattwische) Erfahrungen reaktivieren und entsprechend vorhandene Kräfte im jetzigen Menschen stärken. Der Weg ist einfach: Wer sein Karma (frühere Leben) kennenlernt, verbessert sein Dharma (innere Gesetzmäßigkeit).

Die Umwandlung karmischer (zerstörerischer) Kräfte

Hier treffen wir den inneren Führer, der von lethargischen (tamasischen) Kräften beherrscht wird. Es stehen noch Erlebnisse im Vordergrund und prägen die Sicht der Welt, die mit "Vorsicht, hier droht Unangenehmes!" umschrieben werden können. Meist bringt man Verbote aus früheren Leben mit wie: "Ich darf nie mehr meinen Partner töten!" Ist dieses Gebot aber nicht mehr klar erinnerlich, dann bleibt ein 'mulmiges' Gefühl, daß Partnerschaft irgendwie bedrohlich ist ... Geht man zum Anlaß zurück, hören die latenten, nebulösen Selbstvorwürfe und Unwertigkeitsgefühle auf.

Ich möchte gleich ein praktisches Beispiel anschließen. Ein befreundeter Pfarrer schickte mir einen jungen Mann vorbei, der in einem sehr problematischen Verhältnis zu seiner Mutter gefangen schien. Es gab dauernd Streit, der zu Handgreiflichkeiten und Schlimmeren zu führen drohte. Der junge Mann machte einen freundlichen, dezenten, sympathischen Eindruck; die Wutanfälle, die er als gelegentliche Entgleisungen herunterspielte, hätte man ihm nie zugetraut. Er war vielmehr witzig und plauderte nett über seine Probleme mit seiner Mutter, bei der er noch lebte. Die Rückführungen zeigten eine stark belastete Problematik mit Frauen. Erste Sequenz: Als kleines Kind wird er in diesem Leben geohrfeigt. Zweite Sequenz: Er sieht sich über einem Parkplatz schweben, beschreibt die Autos (spitze Rücklichter), dann sieht er ein gefängnisartiges Gebäude mit vergitterten Fenstern unter sich. Weiter zurück erlebt er sich, wie er auf eine blonde Frau schießt, und ich dränge ihn, zu dem Punkt zu gehen, an dem er den Vorsatz faßt, sie zu erschießen, und er erlebt sich, wie sie ihn ohrfeigt! (Später klären wir dann, daß er Geschäftsmann war und wegen seiner Tat exekutiert wurde, deshalb das Schweben über dem Gefängnis.) Dritte Sequenz: Er wird als armer junger Mann zu einer reichen Frau in ein Schloß bestellt, er staunt über die schöne Holzeinrichtung, dann führt die Frau ihn an ihr Bett, schläft mit ihm und gibt ihm dann einen Beutel mit Geld. Er geht in eine Schänke und prahlt über seine finanziell ergiebige Eroberung. Nachts wird er von zwei Soldaten in einen Wald mitgenommen und von diesen auf Befehl der Frau erschossen. Sie ist bei der Exekution anwesend. Vierte Sequenz: Er sieht sich mit einer Frau, die er sehr liebt, er fährt mit ihr in einem Fuhrwerk durch einen Fluß. Mitten im Strom, als die Fahrt schwierig wird, kommt es zu einem, wie er sagt, Machtblick; sie schauen sich an und handeln etwas aus, dabei stürzt das Fuhrwerk um, die Frau ertrinkt, er ist untröstlich. Fünfte Sequenz: In einem weiteren Leben ist er ebenfalls in eine Frau verliebt, er prügelt sich wegen ihr mit Soldaten, muß deshalb fliehen. Als er zurückkommt, hat sie einen anderen, er lebt unglücklich und verbittert weiter ...

Mit einer solchen Vorgeschichte ist klar, warum er eine Problematik mit Frauen hat: Sein streitbares Verhältnis zu seiner Mutter führte die belastete Problematik mit Frauen aus früheren Leben fort. Doch weil er dieses Muster jetzt besser kannte, lernte er auch bewußter damit umzugehen. Er sah ein, daß jede objektive Streitsituation (Verfügung über das gemeinsame Auto) von seiner subjektiven Bereitschaft zu einem totalen Kampf um Alles oder Nichts völlig verzerrt wurde. Inzwischen hat er einen anderen Weg eingeschlagen. Er holt sein Abitur nach und will Psychologie studieren. Und wenn es mit seiner neuen Freundin (er hatte vorher begreiflicherweise noch keine intimen Kontakte mit Frauen) einmal Streit gibt, sagt er, bleibt er nach der Therapie auch in zuvor kritischen Situationen immer besser bei sich und lehnt sich danach nicht mehr so stark ab. Daß er jemals einer Frau gegenüber wieder gewalttätig werden könnte, schließt er nun völlig aus.

Ich finde es immer wieder beeindruckend, wie mutig der innere Führer auch die unangenehmen Einflüsse wieder anschauen will, weil er weiß, wie sehr er noch unter ihrem Bann steht.

Eine Frau erlebte sehr dramatisch, wie sie in einem früheren Leben alleine gelassen wurde und sich im nächsten Leben dafür rächte. Erste Sequenz: Sie ist ein Mann und sieht sich mit der Frau, die er liebt. Diese stirbt jedoch im Kindbett. "Alles ist so grau um mich. Ich hab das Gefühl, sie ist gestorben, ich will das nicht begreifen, nicht an mich ranlassen." Zweite Sequenz: Sie wird wiedergeboren, wieder als Mann, fühlt sich auch wieder verlassen. "Da ist wieder der Schmerz, es zieht sich alles zusammen auf der rechten Seite, wo die Galle ist, ich bin jung, ich bin krank, liege im Bett, warte auf meine Mutter, jetzt läßt sie mich wieder allein, ist verschwunden, ich spüre totale Wut, sie ist einfach abgehauen, mit anderen Männern, läßt mich sterben ... Ich bin am Punkt, wo ich entscheiden muß, will ich leben oder sterben. Ich entscheide mich fürs Leben, ich verlasse das Haus ... Sehe mich unter Menschen, habe ein bißchen gearbeitet fürs Essen, treibe mich so rum, verkaufe Sachen auf dem Markt, komme bei verschiedenen Leuten unter, bin so was wie ein Schlitzohr, habe Galgenhumor, schäkere gerne rum mit den Leuten, hau sie übers Ohr, feilsche herum ... (Wie fühlst du dich Frauen gegenüber?) ...Ich möchte nichts mit ihnen zu tun haben, meine Mutter hat mir gereicht (und natürlich seine Frau aus dem Leben davor ...). Mädchen interessieren sich für mich, aber ich lasse sie abblitzen ... seh mich auf einem Pferd, reisen, sehe mich reden, Leute treffen, ich hab nicht viel Gepäck, eine

Ledertasche, ein bißchen Geld in meinem Beutel, ich geh in Wirtshäuser, spiele Karten, sie sehen aus wie Tarot, lege Karten, verdiene Geld, ziehe weiter, lerne von Leuten, suche was, es ist meine Mutter ... Habe Kontakt gekriegt, erfahren, daß meine Mutter eine Hure ist. Ich such' sie, will sie wiedersehen, bin in einer Hafenstadt, ich glaube in Frankreich. Viele Menschen sind auf der Straße, ich bin im Hafenviertel, auf der Suche nach ihr, frag mich so durch, dann weiß ich, wo sie ist. Ich bringe sie um, habe sie gewürgt, ich war total wütend, sie war dick, schlampig, helles Kleid mit dicken Ärmeln, weit aufgeplustert, weiter Ausschnitt. (Hast du ihr gesagt, wer du bist?) Sie wußte es im Moment, als sie mich sah, sie hatte Angst vor mir (Wo geschieht das alles?) In ihrem Zimmer, sie liegt auf dem Bett, sie spürt, was los ist, jammert, ich werde noch wütender, schrei' sie an, du hast mich fast umgebracht! Ich drücke ihr die Kehle zu, das ist befreiend für mich ..."

Betrachtet man diese zerstörerischen karmischen Kräfte genauer, so fällt auf, daß sie meist im Kreis der Familie oder in der engeren Umgebung (Machtgefüge) Unfreiheit und Abhängigkeit bewirken. Opfer und Täter kennen sich, das wird zum Problem, oft über viele Leben hinweg. Anonymes Töten im Krieg hinterläßt weniger tiefe Spuren als die Enge und das Aufeinanderangewiesensein in der Familie. Dies spürte auch die Klientin der obigen Verwicklung, die sich nun ent(!)wickeln will: Ein Jahr nach den Sitzungen ist ihr vieles klar geworden und sie berichtet: "Mein altes Muster ist: der für mich wichtige Mensch, ob Mutter, Vater, Mann oder Frau, ging immer, ohne Verantwortung für die Beziehung zu übernehmen. Das war immer ein Machtspiel. Auch heute wollte mein Partner sich wieder Macht über mich holen, aber ich war nicht mehr bereit dazu. Ich spüre, da sind noch viele Emotionen wirksam, sie ziehen die eigentlichen Energien von dem ab, was ich tun will. Ich will jetzt weitergehen, meine defensiven Nie-Wieder-Muster verstehen und auflösen, statt auf sie fixiert zu sein. Es fällt mir auch viel leichter, bei anderen zu akzeptieren, wenn sie ihren freien Willen haben. Sie können sich genauso ihre Freiheit nehmen und sich zu etwas entscheiden. Das macht mir jetzt viel weniger aus. Ich will jetzt die alten Dinge abschließen, ich will etwas Neues."

Hieraus geht hervor, wenn man die enge Bindung an frühere negative Energien (gefangener innerer Führer) und ihre Inhalte (Partner, Eltern) aufgibt, weckt dies Kräfte, die Neues anstreben (aktiver innerer Führer).

Eine andere Frau erlebte, wie sie in einem früheren Leben als junge schottische Adlige von einem Ritter entführt wird. Sie schlagen sich mit niederen Arbeiten durchs Leben, bis sie ihn in einem Wald tot auffindet, danach geht sie schwanger zu ihren Eltern zurück, bekommt ein Kind von ihm und lebt ihr Leben in Lethargie und Selbsthaß zuende. Dabei wäre es auch geblieben, doch die Sache beschäftigte sie nach der Sitzung weiter. Sie kannte die (tamasische) Lethargie, ihre seelische Unfähigkeit, ihr Leben zu genießen, aus dem heutigen Leben nur zu gut. Wir fädelten also in der folgenden Sitzung in diesem Leben an der Stelle wieder ein, wo der "Unfall" geschehen sein mußte, und sie bot drei Versionen des Tathergangs an: Zuerst traf sie ihn tot an, als sie vom Feuerholzsuchen zurückkam, das Messer steckte in seinem Herzen. Ich lasse sie noch einmal durch die Szene gehen, da wandelt sich das Bild. Zweite Version. Sie streiten: "Er steht, ich sitze, den Kopf auf die Hände gestützt, überlege, er ist blaß, lustlos, er will das Kind nicht, er läuft rum, ich habe totale Angst und Wut, mehr Angst, ich versuche, mit ihm zu reden, er bedroht mich mit dem Messer, ich gehe rückwärts, er kommt auf mich zu, ich halte meinen Bauch, schütze mich, hole mir einen Stock, wir kämpfen, ich schlag nach ihm, falle hin, mein Pferd wird wild, bedrängt ihn, hilft mir, er fällt hin, er sticht sich das Messer selbst ins Herz, er ist tot, Blut kommt aus der Nase, er ist noch mit dem Kopf auf die Steine gefallen. Das Pferd steht friedlich da, es hat mich beschützt." Nun gibt sie bereits eigenes Mittun an seinem Tod zu, aber für ein so starkes Schuldgefühl, wie es dann zurückblieb, reicht diese Version nicht aus, wir gehen noch einmal in die Szene: "Ich will das Messer wegwerfen, wir kämpfen, er ist stärker, ich hab's ihm reingestochen, war so in Wut, im Affekt, er ist sofort umgefallen, liegt auf dem Rücken. Ich bin fertig, total fertig, möchte auch tot sein, aber ich schaff's nicht."

Mit dieser dritten Version ist die Lethargie erklärt, mit der sie den Rest ihres Lebens ablebt, auch nicht zu der Tochter zieht, als diese später heiratet. Sie ist mit ihrem Leben fertig, gebrochen, schuldbeladen. Sie sieht im Nachgespräch in ihrer Schuld eine biographische Erklärung dafür, daß sie sich auch nicht wehrte, als sie in einem späteren Leben umgebracht wurde. Ein Jahr später sagt sie: "Ich nehme mein Leben nicht mehr so ernst, kann besser annehmen, was passiert, klammere nicht mehr so, habe mehr Vertrauen in die Existenz. Das Gefühl, das mit der Tötung dieses Menschen zusammenhängt, daß ich nichts wert bin, löst sich immer mehr auf. Ich kann heute damit umgehen, es ist ja kein Grund mehr dafür da, daß ich mich fertigmache. Ich kann mich jetzt mehr annehmen, auch meine dunklen Seiten. Ich hatte riesige unbewußte Ängste, die waren darauf gerichtet, zu verhindern, daß ich tue, was ich will. Jetzt habe ich viel mehr Sicherheit. Im nächsten Leben muß ich bestimmt weniger leiden, einfach weil ich in der Berührung mit den schlimmen Dingen meiner Vergangenheit gelernt habe, meine Fehler zu sehen."

Vor der Therapie war sie durch ihre Schuldgefühle dem Leben passiv ausgeliefert, jetzt hat sie ihre Entscheidungsfreiheit zurückgewonnen: "Alles liegt nur an mir, was passiert," sagt sie und ihr innerer Führer ist erlöst und frei.

Aktivierende und befreiende Kräfte aus früheren Leben werden integriert und verstärkt

Aus den eben gezeigten karmischen Abhängigkeiten von Familie und Macht befreien uns positive Kräfte aus unseren früheren Leben. Daß eine solche Emanzipation sogar politisch nicht immer gerne gesehen wird, zeigte mir eine französische Ein-Franc-Münze aus der Zeit der deutschen Besatzung im zweiten Weltkrieg: Die ins Positive (sattwische) wirkenden Ideale der französischen Revolution: "Freiheit, Gleichheit, Brüderlichkeit" waren auf der Münze durch die karmisch-dumpfen (tamasischen) Begriffe" Arbeit,Familie, Vaterland" ersetzt!

Glücklich die Menschen, deren frühere Leben positive Botschaften ausstrahlen, daß sie auf solche Programme nicht hereinfallen! Ein Teilnehmer an einer Reinkarnationsgruppe, die ich in Österreich abhielt, erzählte mir danach, drei Szenen aus früheren Existenzen, die er während des Seminars erlebt hatte, entsprächen genau drei Grundtendenzen seiner emotionalen Verfassung im jetzigen Leben: Einmal sieht er sich in einem Kampf, spürt ekstatische Aggressionsgefühle und Begeisterung. Es ist eine Art Überfall, er hat ein Schwert in der Hand; er und seine Mitstreiter sind in Gewänder gekleidet, die mit Leder gesäumt und durchbrochen sind, darunter sind sie nackt. In einer Art wütender Euphorie schlagen sie von ihren Pferden herunter auf Gegner ein, ihre Verständigungssprache ist nicht europäisch und enthält viele i's. Er spürt sich mit einer ursprünglichen Vitalität verbunden, dies auch über den Körperkontakt mit seinem Pferd. Es kann sich bei ihm und seinen Männern um Hunnen oder Turkmenen handeln. Ein zweiter Gefühlskomplex erweist sich auf andere Weise als angenehm, er spürt sich alt, stoisch, stabil, ruhig, stark, weise, nichts kann ihn aufregen. Dies alles nach einem sorglosen Leben in Reichtum und Vergnügen. Jetzt kennt er nur noch die Sonnenseite des Lebens. Er sieht sich in einer Villa in einer sonnigen, hellen, trockenen Stadt, es könnte in Griechenland sein. Alles ist festlich gestaltet, die Grundelemente seines Lebens sind Freude und Schönheit. Das dritte Gefühl läßt sich zunächst sehr diffus an, er spürt sich wie ein Schiff in der Flaute, erlebt sich in einer Hafenstadt am Mittelmeer. Alles spielt sich wie unter einem Nebel ab, bestimmende Elemente sind Drogen und Prostitution, er ist ein verwahrloster, gestrandeter Matrose und lebt ein Schattendasein. All dies fühlt er auch heute wieder: Er ist leitender Computerfachmann einer größeren Firma. Er hat immer das Gefühl, unter Menschen kann ihm nichts passieren. Das Leben ist nicht sehr anstrengend, es gelingt ihm, sich immer einen Freiraum zu schaffen. Er kennt an sich eine aggressionsfreudige Bereitschaft zu Risiken. In Städten wie z.B. Istanbul fühlt er sich sehr wohl, er liebt gutes Essen. Er ist noch nie unterdrückt worden, er hat keine Angst vor Größeren oder Stärkeren. Er sieht nur die Menschen, keine Probleme.

Statt nur das 'Negative' aus den früheren Leben als therapeutisch wirksam zu suchen, kann man sich auch positiven Einflüssen aus früheren Leben öffnen!

So erschloß sich eine Frau einen Kraftquell, der aus einem Leben als tibetischer Mönch noch in ihr schlummerte. Dieses Leben gestaltete sich so: "Da sind hohe Berge mit Spitzen, rotes Gestein, darin sind Höhlen, ich fühle mich ganz leicht, klettere da hoch, ich bin Mönch, lebe alleine, trage einen braunen Mantel mit Kapuze, nichts an den Füßen. Es schneit, ich will runter, jetzt bin ich unten, es ist felsig, ein bißchen grün, viele Männer sind da, beten. (Frage, wozu, an wen?) Das Gebet hat keinen Inhalt, es ist ein stilles Gebet (Ich möchte ihr die früheren Fortschritte aus der Meditation wieder schenken, sage ihr, sie solle da ganz tief hineingehen..), sie genießt, was sie erlebt, möchte da noch bleiben, dann: "Jetzt bin ich wieder in der Höhle bei den Mönchen, wir arbeiten, schleppen Steine, ich bin gerne mit denen, sitze mit ihnen, es gibt nur Tee, er ist gut." (Ich frage nach Rangunterschieden) "Wir sind alle gleich. Ich klettere wieder, sitze auf einem Felsen, es gibt nichts zu essen, ich esse nichts, ich will das so. Viele Tage lang bin ich hier oben, sehe die Sonne untergehen, spüre in mir ein ähnliches Feuer, ich sitze und sitze, fühle mich leicht, mir tut nichts weh ... Jetzt bin ich wieder unten, sehe Schafe und Yaks, hacke Holz, ganz viel, bin im Kloster, es liegt hoch, aber nicht so hoch wie die Berge. Wir sind so hundert bis zweihundert (Mönche), viele laufen hin und her und tragen Bücher auf den Köpfen, es ist eine Aufgabe, eine Art Meditation. Ich arbeite auch im Garten, in ganz schwarzer Erde, es ist schön. (Was ist dein Lebensgefühl?) Alles ist richtig, wie es ist. Es ist ein eigenartiger Zustand, er ist gut. Jetzt gehe ich wieder in die Höhle. Es ist dunkel. In diese Höhle gehe ich immer wieder, da ist auch eine Quelle, da blühen gelbe Blumen, die ich esse. Da sind Wiesen, kleine Kinder, dunkelhaarig, ganz hohe Berge, ich turne da rum, jung, fröhlich, leichtfüßig ... Abends gehe ich wieder statt ins Kloster in die Berge, mache Feuer. Ich bin alleine, liege auf einem Felsen, schaue in die Sterne, habe keine Sorgen, bin total im Hier und Jetzt, glaube an Gott, klettere viel, tue nichts, unten sehe ich kleine Häuser, Menschen, viele Mönche, meditiere, beim Meditieren spüre ich tiefen Frieden ..." Und ich lasse ihr viel Zeit, sich in den Situationen zu spüren, die sie geprägt haben, aus denen heraus sie auch wieder Energie schöpfen kann. Ich habe auch nicht viel gefragt, sondern sie ganz im Erleben ausruhen lassen, um es ihr zu ermöglichen, an diese früher erreichten Zustände wieder anzuknüpfen. Sie meinte nach der Sitzung, es sei ihr damals möglich gewesen, über Berge zu fliegen, aber da sei sie nicht drangekommen. (Dieses 'Fliegen' gehört zu den yogischen Kräften (Siddhis) fortgeschrittener Meditierer). Auswirkung dieser Erfahrungen auf ihr jetziges Leben ist eine Erweiterung ihrer Intuition: "Von diesem Leben habe ich ein wunderbares Gefühl zurückbehalten, es ist total befreiend. Oft rufe ich mir diese Mönchsbilder zurück. Einmal, wir stiegen auf einen sehr hohen Berg in der Schweiz, da bin ich plötzlich losgerannt, hatte das Gefühl, ich schwebe den Berg hoch, das war ein Anknüpfen an meine Leichtfüßigkeit in den Bergen Tibets." Damalige Fortschritte in der Meditation hat sie bewußt auf ihr heutiges Leben übertragen: "Ich bin sensibler, feinfühliger geworden.. Mein Bewußtsein ist umfassender, nicht mehr so beschränkt. Es gelingt mir auch wieder regelmäßig Yoga zu machen, ich bin kreativer im Umgang mit mir selbst geworden. Ich sehe die Dinge oft wie Wahrträume, sie bestätigen sich selbst, so wie ich sie empfinde. Alles wird immer klarer, einfacher ..." Man könnte kaum eine bessere Beschreibung für die Funktion des Dritten Auges (6. Chakra) geben!

Ein sehr schönes Erlebnis auf der Herzebene hatte eine Klientin, die als Kind in Afrika wieder heimfand und im Triumph mit Tamtam und Freudenfest vom ganzen Dorf empfangen wurde, nachdem sie sich verlaufen hatte: "Jetzt höre ich rufen, man sucht schon nach mir, ich sehe Hütten, sie laufen mir entgegen, ich freue mich, viele kommen, sie haben gar nichts an, manche sind bunt, sie freuen sich, jetzt tragen sie mich! Jemand schimpft auch, es sind meine Mutter und mein Vater, wo ich war und daß ich immer weglaufe. Die sitzen jetzt alle beieinander, erzählen, trommeln, das ist ein tolles Gefühl, alle freuen sich, es ist warm, sie tanzen und trommeln. Jemand nimmt mich in den Arm, wir tanzen, Feuer ist da, alle Angst ist weg, ich fühle mich wohl, bin zu Hause, es sprudelt und prickelt in mir, das Trommeln ist so schön, mir wird ganz heiß, ich tanze mit ..."

Dieses Lebensgefühl prägt sie heute noch, und ich freue mich natürlich auch, wenn ich positive Erfahrungen vermitteln kann, die wie hier ganz direkt auf die Herzebene wirken.

Doch auch die Denk-Ebene hat ihre positiven Energien. Ein Klient entwickelte zweimal in früheren Leben fortschrittliche Konzepte, aber er wurde dafür getötet. Einmal als junger Mönch im Mittelalter auf einer Mittelmeerinsel, einmal als Forscher in einem Gefängnis, wo man ihn zur Mitarbeit an Regierungsprojekten zu zwingen versuchte. Beide Male blieb er nach dem Tod noch mit Bedauern an der Stätte seines Sterbens: "Es ist, als ob ich an den Platz gebunden wäre, etwas zurücklassen müßte, an dem mir gelegen ist, (Wie ist dein Gefühl deinem vergangenen Leben gegenüber?) Ich habe bloß gearbeitet, geschrieben, etwas entworfen...", ähnlich in der zweiten Sequenz: "Ich liege da, sie sind über mich hergefallen, ich spüre die einzelnen Schläge. Dann sind sie weg. Ein Sarg wird gebracht, ein großer aus dunkelbraunem Holz, den stellen sie hin, da heben sie den Körper hinein, tragen ihn weg. Ich sah das die ganze Zeit schon von außen. (Von außerhalb des Körpers) Ich sehe noch das leere Zimmer, auf dem Tisch liegt Geschirr, Papier, Schreibzeug ... Ich bleibe länger. Da ist irgendetwas, von dem ich mich schlecht trennen kann ... Das Zimmer verschwimmt, alles wird schwarz, ich fange an, mich wegzubewegen aus dem Gebäude, es ist leicht, ich schwebe, bin fast glücklich, es ist gut, ich werde immer leichter ..."

Und doch erwachsen dem Klienten gerade aus diesen Erlebnissen mehr Ruhe und Sicherheit für sein heutiges

Leben. Er ist selbstständig, entwickelt und repariert wieder und fühlt sich in seiner Lebensweise gestärkt: "Pro Woche denke ich noch zwei- bis dreimal über diese Dinge nach, immer dann, wenn ich arbeite, alleine bin, mit leichterer Routine zu tun habe, über das, was mit mir früher war, über die Ziele, die ich von früher her mitgebracht habe ... Und ich habe das Gefühl, es geht in meinem jetzigen Leben genauso weiter, ich bin ein Eigenbrötler und Tüftler und will oft alleine sein. Die Erfahrungen aus meinen früheren Leben haben mich darin bestätigt, ich bin eben so. Dem Tod stehe ich leichter gegenüber. Wahrscheinlich, denke ich mir, würden mir dann sogar die Erkenntnisse aus den Sitzungen hochkommen. Früher hatte ich viel Angst vor der Obrigkeit, doch jetzt habe ich zum ersten Mal keine Angst mehr vor Polizei und Behörden. Heute gehe ich meinen Weg konsequenter, bin bewußter im Umgang mit Menschen, kann Reibungspunkte besser sehen und eventuell vermeiden." Er hat ein Stück seelische Widerstandsfähigkeit wiedergewonnen. Frühere Kräfte eines entschiedenen Willens helfen ihm heute wieder, seinen Weg zu finden.

Eine ähnlich konsequente Haltung zeigt eine Frau. Sie wurde in einem früheren Leben als Hexe verbrannt, doch im Anschluß an ihre Verbrennung erlebte sie eine eigenartige Sequenz, die vor ihrer Verfolgung lag. Sie war bereits geflohen, trotzdem ging sie zurück in ihr Dorf. In dieser Szene entwickelte die Klientin seelische Stärke aus selbstbestimmter Verantwortung heraus: "Es ist kalt, mich friert, ich stehe im Schnee, weiß nicht so recht, wo ich hingehen soll, habe ein Bündel dabei, so um zwanzig werde ich sein. Es ist gegen abend, schon dunkel, jetzt bin ich in eine Stadt hineingegangen, da sind Stadtmauern, die Straßen sind eng, überall Gewusel, ich fühle mich unbehaglich zwischen so vielen Leuten, man sieht keinen Himmel, weil die Häuser so eng aneinandergebaut sind. In der Stadt war ich noch nie, bin draußen aufgewachsen auf dem Land, wurde fortgejagt, ich weiß nicht, was ich tun soll, ich kann nicht wieder zurückgehen, und um draußen zu leben ist es zu kalt.. Ich laufe herum, setze mich zum Schlafen in einen Turmhof. Ich sitze, versuche zu schlafen; wie es es hell wird, gehe ich weiter, wieder raus aus der Stadt, weil ich es da nicht aushalte. Meinen Hunger merke ich schon gar nicht mehr, ich überlege, ob ich doch umkehren soll, nach Hause gehen oder in die Stadt zurück? Aber ich habe so Sehnsucht nach meinen kleinen Geschwistern, habe dennoch Angst, wenn die mich erwischen, bringen sie mich um. Aber herumziehen, nicht wissen wohin?" Sie atmet heftig - und berichtet, daß sie zurückgeht. Diese Szene war eine Schlüsselszene. Hier traf sie die Entscheidung zwischen einem Leben, in dem sie sich als junge Frau hätte erniedrigen lassen müssen, oder sie mußte zurückgehen und ihren Tod erdulden. Sie verweigerte sich jedoch jedem faulen Kompromiß. Eine Entwicklung begann, die für die Klientin als heutige Ärztin so endet - indem sie selbstbewußt weitergeht: "Es ist mir jetzt auch viel wichtiger geworden, etwas für meine Entwicklung zu tun, ich sehe alles als Weg. Meine Arbeit, die Kinder sind Möglichkeiten, mich selbst weiterzuentwickeln. Und ich spüre jetzt auch mehr, daß dies von mir ausgeht. In meinen früheren Leben, die ich in den Sitzungen erfuhr, wurde ich viel mehr von außen bestimmt, ich war recht unbewußt. Die Dinge sind mir geschehen, aber heute spüre ich mich selbst viel mehr in meinen Aktivitäten ... Ich wäre gern Tänzerin geworden, jetzt nehme ich wieder Tanzunterricht, vielleicht klappt es dann im nächsten Leben ..." So beleben wir positive Kräfte wieder, sie stärken unsere seelischen Selbstfindungskräfte. Sie bewußt zu machen, ist eine schöne Aufgabe, denn unsere Leben sind ja im Grund ein einziger Weg zu uns selbst, auch wenn man sich scheinbar dafür Nachteile bis zu Verfolgung und Tod hin einhandelt. Ich möchte als letztes Beispiel einen ehemaligen Druiden zu Wort kommen lassen, der heute Krankengymnast ist. Er berichtet: "Als Kind waren in mir viel Haß und Masochismus sowie Schuldgefühle. Ich habe viel mit Kriegsspielzeug gespielt, war ganz fasziniert davon." Doch mit einer Sehbehinderung hat er sich selbst 'außer Gefecht' (!) gesetzt ... Betrachten wir seine Leben, in denen sich ein enormer Zwiespalt zwischen seinem alten Wissen als Heiler und Druide und seinem Abgleiten in Gewalt und Außenseitertum auftut: Als Druide führt er ein natürliches, heilkräftiges Leben, verliert jedoch seine Heilkräfte durch seine Wut und seinen Haß auf das aufkommende Christentum. Im Leben danach (Mittelalter) tötet er als Räuber seine Geliebte und wird gehenkt. Im nächsten Leben (Dreißigjähriger Krieg) ist er Offizier, wird wegen eines lächerlichen Vorfalles (Überfall auf eine Kutsche mit Geistlichen (!)) degradiert und endet als Knecht auf einem Bauernhof. Im Leben darauf ist er Flötenspieler in der Zeit der französischen Revolution, er wird nach einem Streit in Brüssel erstochen. In seinem letzten Leben wird er in Nordirland geboren und im Krieg gegen Deutschland als Bomberpilot abgeschossen. Als letztes erlebt er, wie er durch das Fenster der Pilotenkanzel geschleudert wird. Sein Gefühl "Ich will all das nicht sehen" übersetzt er in einen "Sehfehler" in diesem Leben. Und dies ist seine Reaktion auf die in ihm mächtigen Kräfte aus seinen früheren Leben: "Ich sehe das so, daß ich seit meinem Leben als Druide irgendwie aus der Bahn geworfen war, das war der Grundstein für meine Gewalttätigkeiten. Ich war Räuber, Kämpfer, Soldat, aber das alles war nicht schiere Bosheit, es war mehr Unwissen, das aus den damaligen Umständen entstand. Heute möchte ich meine richtige Bahn wiederfinden, das Bewußtsein früherer Verblendungen hilft mir da weiter. Ich bin jetzt eher erstaunt, daß ich gut über Menschen denke, anstatt gegen sie zu sein, das kommt immer mehr von ganz allein, ich spüre etwas wie Liebe rundum. Meine eigenen 'Verbrechen' sind dabei sogar hilfreich, ich habe viel mehr Verständnis für andere Menschen, wenn sie in ihren Umständen gefangen sind. Meine heutige Behinderung (Sehfehler) sehe ich auch ganz anders, nämlich als Bremse, die ich selbst eingebaut habe, um meine Negativität zu stoppen. Ich arbeite mit Kranken. Wenn ich ihre oft zu starken Gesundheitserwartungen sehe, ihren Neid auf die Gesunden, dann spüre ich, daß ich anders mit meiner Behinderung umgehen kann. Sie gibt mir Tiefgang und ein Verständnis für mich. Ich bin gezwungen, mehr in mich zu sehen, statt mich in äußeren Aktivitäten (ich denke an Motorradfahren, Segeln, extreme Sachen) zu verlieren. Ohne die Rückführungen wäre ich da nicht draufgekommen. Ich bin nicht mehr neidisch und böse auf andere. Ich habe mehr Hintergrund für mich, alles ist durch die Bewußtmachung meiner alten Geschichten mehr geworden."

Cicero, ein Eingeweihter der Eleusinischen Mysterien, beschreibt die spirituelle Auswirkung der Initiation so, wie ich auch die Berichte meiner Klienten zusammenfassen kann: "Wir haben reicher an Hoffnung zu leben und zu sterben gelernt."

Das Tantra des Lebens: Geburt, Liebe, Tod

Die tantrische Vision

Im letzten Abschnitt betrachteten wir die Lebenskräfte in uns und die Dynamik, mit der sie uns auch heute noch aus unserer Vergangenheit heraus steuern. Sie treiben uns auf die Dinge (Formen) des Lebens zu, auf Geburt, Liebe, Tod, Freundschaft, Suche nach Glück. Wir haben drei Grundmöglichkeiten, diese Abläufe zu erfahren, diese hängen vom Blickwinkel ab, den unser innerer Führer einnimmt.

Die personal-kausale Perspektive

Diese ist der Standpunkt mit den vielen W's: Was soll ich tun, wie soll ich leben, wem soll ich folgen, wer hilft mir, wo soll ich leben, was heißt für mich glücklich sein? Das Leben besteht aus Fragen, die man möglichst gut zu beantworten sucht. Man wertet auf der individuellen Basis, was ist 'gut' oder 'schlecht' für mich. Hier ist der innere Führer noch gefangen in seiner Berechnung, in der (scheinbaren) Bewältigung seiner individuellen Einzelprobleme. Die Energien werden tamasisch-gebremst erfahren. Alles wird zum Problem. Man meint, man muß nur geschickt genug in allem sein, dann kann man das Schicksal überlisten und viele kleine Extras für sich herausholen. Doch wenn man sich aus diesen kleinlichen Fixierungen löst, dann macht man sich klar, daß Alter, Krankheit und Tod allgemeine Phänomene sind, denn mit Hilfe des Wissens um die Wiedergeburt erfährt man:

Die zyklische Perspektive

Alles kehrt wieder, alles hat man schon einmal so oder ähnlich erlebt. Suchen, hoffen, verzweifeln, unser Leben geschieht in Paketen, deren Inhalt sich immer wieder ähnelt. Man bewegt sich aktiv von Aufgabe zu Aufgabe, dies entspricht dem rajasischen Temperament des aktiven inneren Führers. Wer diese Sichtweise annehmen kann, wird seinem Leben und seinen Inhalten offener gegenübertreten und Sympathien für andere haben, welche ja die gleichen Strukturen ausleben. Und so wie sich im Kirchenjahr das Leben Jesu von Empfängnis bis Tod und Wiederauferstehung zyklisch wiederholt, so wiederholen sich diese Dinge auch bei uns komplett von Leben zu Leben. Diese zyklische Perspektive läßt sich jedoch noch erweitern:

Die energetische Perspektive

In ihr erfahren wir, daß es einen reinen Hintergrund des Seins gibt, pure Energie, Schwingungen und Licht. Dieser Hintergrund ist unberührt vom allem Geschehen, das sich auf ihm abspielt. Hier stehen wir dem existentiellen Glück nicht mehr mit unseren persönlichen Einschränkungen im Weg. Im Tod oder in der Erleuchtung erreichen wir in lichthafter Auflösung diese Transzendenz, in der Zeugung zieht es uns wieder ins Materielle hinein. Im Bewußtsein, daß alles Energie ist, kann das Höhere Selbst jedes Geschehen als Energiefreiheit, die in Formen eingegangen ist, akzeptieren und verstehen.

Die Reinkarnationstherapie kann uns helfen, unser Leben und die Inhalte, die es ausmachen, neu zu sehen. Wir dürfen unsere Lebensumstände optimieren. Dazu benutzen wir den personal-kausalen Standpunkt (hiervon handelt das Karma). Wir können die sich wiederholenden Phänomene von Leben über Leben übergreifend erfassen (hiervon handelt das Dharma), und wir können in Kontakt mit reinen Energiezuständen gelangen. Wir erfahren z.B. nach dem Tod oder in der Meditation unseren Lichtkörper.

Diese Lehre des Standpunkts nennt man Tantra. Sie führt zu einer für viele Menschen neuartigen Betrachtungsweise: Wir betrachten das Leben so, wie es ist, unter Ausklammerung unserer persönlichen Wünsche oder Ängste. Davon handelt der nun folgende Abschnitt vom Tantra des Lebens. Auf Phänome wie den Tod übertragen, heißt das, wir betrachten den Tod, wie er geschieht, ohne damit eine Wertung, ob der Tod gut oder böse ist, zu verbinden.

Buddha ist der Erfinder der tantrischen Methode, er empfahl seinen Mönchen aus leidenschaftsloser Sicht heraus emotional stark anziehende oder abstoßende Bilder wie sexuelle Handlungen, Leichenfeuer, verwesende Körper oder andere furchterregende Dinge zu betrachten. Buddha selbst wurde auch der Tathagata genannt, der So-Seiende, der so ist, wie er ist und sich nicht anders wünscht, der die Welt annimmt, wie sie ist, ohne sie in persönlichem Sinn beeinflussen zu wollen.

Aus dieser statischen Betrachtungsweise heraus sind auch die Rückführungen in frühere Leben eine gute tantrische Schulung. An ihnen läßt sich ja auch nichts mehr ändern, wir können unsere früheren Leben nur so, wie sie in den Sitzungen verlaufen, annehmen. Daß wir leben, sterben, lieben, geboren werden, jung oder alt sind, sind also Formen, an denen wir kaum etwas ändern können, die dennoch durch uns entstehen. Das ist das Paradox in unserem Leben. Wir sind dem ausgesetzt, was wir selbst bewirken. Während viele Menschen versuchen, diese Wahrheit zu verdrängen, weiß dies der Tantriker (Anhänger der tantrischen Lehre) und lebt danach. Man kann die Rückführung oder Reinkarnationstherapie auf eine Stufe mit tantrischen Initiationsriten, die in überindividuelle Transzendenz einführen, stellen. Sie erfüllt die klassischen Ziele der Initiation, wie ich sie hier kurz anführe.

Die Rückführung ist:
1) Rituelle Therapie wie durch Schamanen, Medizinmänner vorgenommen.

Der Rückgeführte sieht sich in einen neuen, größeren Lebenszusammenhang gestellt. Problemen, Nichtigkeiten, Ängsten, auch Krankheiten wird so die Kraft entzogen, die ihnen der Nichteingeweihte in seiner Abhängigkeit von seinen eigenen Forderungen und denen seiner Umwelt verleiht. Der Eingeweihte erkennt, daß seine Probleme und Krankheiten oft in mangelnder Harmonie mit sich selbst begründet sind. (Doch die heutige Umwelt nennt diesen Harmoniewunsch Narzißmus ...)

2) Initiation in rituellen Tod.

Der Rückgeführte wird Zeuge früherer Tode und der darauf folgenden Geschehnisse.

3) Rituelle Neugeburt.

Der Rückgeführte erlebt sich bei der jetzigen Geburt oder bei solchen in früheren Leben, dazu kann er sich bei seiner Zeugung und im Klima des Mutterleibs erfahren.

4) Initiation in die "Dinge des Lebens": Liebe, Tod, Sexualität.

Der Initiierte kann erkennen, daß Leben, Lieben und Sterben aus ihm selbst heraus geschehen, er wird sehend. Er verwirklicht das Mysterium des Lebens aus sich heraus, indem er sich in allem selbst kreiiert und nicht nur seinen unverständlichen Trieben und den Geschehnissen einer ihm letztlich fremd bleibenden Welt ausgesetzt ist.

5) Initiation in die Göttlichkeit des Lebens.

Der Rückgeführte wird Teil des kosmischen Über-Lebens, ihm offenbaren sich seine seelischen Kräfte, die ihn auf der Suche nach dem Höheren, nach seiner inneren Wahrheit leiteten und leiten.

Die Strategien des Seins, die jedem Menschen geläufig sind (Vorteile, Befriedigung, Besitz), werden in der Initiation durch Strategien des Nicht-Seins ergänzt, durch Erkenntnisse des Nicht-Existenten, Unterbewußten, symbolisiert im Abstieg in die Unterwelt oder im Außer-sich-Sein der Ekstase. Die Einführung in ein erweitertes Bewußtsein ermöglicht tantrische Lebenserfahrung, eine faszinierende Möglichkeit.

Nach ihren Sitzungen berichtet eine Klientin: "Ich sehe die äußeren Dinge viel gelöster. Ich kann loslassen, akzeptieren, daß wir leben, sterben, wiedergeboren werden. Mein Bewußtsein ist oft so, daß ich Dinge erlebe, als ob ich neben mir stehen würde. Es ist, als ob diese Dinge mir nicht mehr geschehen. Das erlaubt es mir, klarer zu bleiben. Ich bin bei Entscheidungen weniger hin- und hergerissen. Wenn etwas nicht gut ist, soll es lieber einen Moment lang wehtun, wenn ich es ablehne, als daß ich auf Dauer Dinge tue, die nicht stimmen."

Ihr geschehen zwei wunderbare Dinge; das Leben wird mit einem gewissen (bewußten) Abstand erlebt, nach der Therapie kann sie ihren Alltag weiterführen und das Erfahrene auf diesen übertragen. Dazu kommt eine noch größere Wohltat: Sie hat nun am eigenen Leib erfahren, daß Geburt, Liebe und Tod wiederholbar sind. Wer eine Geburt oder einen Tod in der Restimulation erlebt hat, weiß, Geborenwerden, Sterben, auch Lieben sind Bilder, die immer geschehen. Man erkennt sie wieder und kann ihnen entspannt begegnen. So wurde mir gesagt: "Durch das Erleben meines Todes nach einem früheren Leben habe ich meine Angst vor dem Tod verloren." Geburt, Liebe, Tod und die Aktivitäten dazwischen können nun zur "Übung" werden und dann zu den befreienden Erlebnissen, die sie auch sind.

Die Direktheit, mit der die Klienten ihre Geburt, Liebeserlebnisse oder Tode schildern, zeigt, wie unproblematisch diese eigentlich sind, wenn man sie geschehen läßt. In der Rückführung laufen die Dinge einfach ab. Der Jetztverstand, der Mahner zur Vorsicht, kann sich nicht einschalten und kontrollieren wollen, wie sehr, zu wieviel Prozent geliebt, gestorben, geboren sein soll. Nach ihm würden wir alle nur halb geboren sein, ganz wenig sterben, schon mehr lieben, aber nur bis zu einer vernünftigen Grenze ... Doch die wirkliche Liebe, der wirkliche Tod, eine tatsächliche Geburt lassen sich nicht dosieren.

Der tantrische Abstand löst uns bewußt von Erfahrungen, an die wir sonst oft angstvoll gebunden wären. Betrachten wir nun Geburt, Liebe, Tod, wie sie durch unsere früheren Erfahrungen geprägt sind, um ihnen in Zukunft freier begegnen zu können, indem wir sie gelöster geschehen lassen.

Die Geburt in der Rückführung

Geburt, Liebe, Tod sind mit Häutungen zu vergleichen, wie sie Schlangen in ihrem Wachstumsprozeß erleben. Wird eine Schlange zu groß für die alte Haut, muß sie diese abstreifen, sicher ein unangenehmer Prozeß, bei dem sie sich schutzlos und gefährdet fühlt, bis die neue Haut gehärtet ist und paßt. Aber die Natur hat vorgesorgt, die neue Haut ist schon da, wenn die alte abfällt. So ist es auch bei unseren Häutungsstationen, die jetzt beschrieben werden. Sie werden manchmal als verletzend (traumatisch) erlebt, weil man sie nicht als Befreiung zu neuem, größerem Leben anzusehen vermag. Wenn einige der nun folgenden Geburten, sexuellen Erfahrungen oder Sterbevorgänge schwierig erscheinen, dann, weil etwas falsch gemacht wurde. Und daraus können wir lernen.

Betrachten wir zuerst die Geburt, das Heraustreten aus dem pränatalen Zustand, das traumatisch verlaufen kann, wenn das Baby erfährt, daß die Umstände der Geburt brutal in den bisherigen, total aufgelösten Zustand der uteralen Geborgenheit eingreifen. Das Trauma beginnt, die Verletzung an der Welt, die Ablenkung von sich nach außen. Jetzt kann eine Widerstandshaltung zur Welt programmiert werden, die das ganze weitere Leben eines Menschen zu einem Steckenbleiben in einem konstanten Nein gestalten kann. Die Ungeheuerlichkeit des Übergangs von den bislang vorherrschenden friedlichen pränatalen Gefühlen zum körperlichen Erleben der Welt und der damit verbundenen Widerstände wird noch viel zu wenig beachtet.

Bei meiner Rebirthingausbildung erlebte ich das Herausfallen aus dem pränatalen Frieden als Beginn eines 'Weltschmerzes', den ich nach der Sitzung erst deutlich begreifen konnte. Ab der Geburt hatte ich die Welt als unabänderlichen Zugriff auf mich erlebt, als Verlust des inneren Friedens. Dieses Erlebnis erst machte für mich den Widerstand begreifbar, den ich danach gegen die Welt aus dem Glauben heraus aufbaute, mich vor ihr schützen zu müssen. Ohne die Erfahrung meines Geburtstraumas hätte ich diese zwanghafte Abwehr für normal gehalten. Doch heute lasse ich die Welt viel unbefangener in mich hinein und weiß, daß sie weder feindlich gesinnt ist, noch irgendwelche Zwänge ausübt, sondern alles schenken will, wenn man dies nur zuläßt. Ich schließe hier ein Protokoll aus einer Serie von Rebirthingsitzungen an, es verdeutlicht genau diesen Zwiespalt von Abwehr und Annehmen der Welt: "Auf der einen Seite fühle ich mich in einer dunklen, warmen Umgebung, die friedvoll ist, die nichts von mir fordert. Hier will ich bleiben (im Mutterleib). Auf der anderen Seite bemerke ich eine grelle, laute Umgebung, mit der ich nichts, aber auch gar nichts zu tun haben will. Sie erfüllt mich mit einem nie gekannten Gefühl der Ablehnung und Abneigung." In der nächsten Sitzung nimmt der Klient den Zwiespalt vorgeburtlich-friedliches Gefühl einerseits und die materiellen Ansprüche der Welt andererseits schon nicht mehr so gegensätzlich wahr: "Tiefer- und tiefergehender Friede stellt sich ein. Es gibt keine Wünsche, keine Ängste mehr, keine Bedürfnisse und keine Befürchtungen. Ein ganz tiefes Glücksgefühl entsteht. Es ist gut, in diesem Körper zu sein, es ist gut, daß dieser Körper in der Welt ist, es ist gut, daß es diese Welt gibt. Friede. Glück. Zuversicht. Alles ist so in Ordnung, wie es ist. Ich bin voller Kraft."

Das gleiche Herausfallen aus der pränatalen Geborgenheit ins nachgeburtliche Dasein erlebte ein Klient in einer Rückführung so: "Bin ruhig und entspannt, höre leichtes Rauschen (die Geburt setzt ein), außenherum ist alles glatt, geschmeidig, ich spüre, wie der Kopf vordringt, an den Schultern ist es eng, der Kopf ist kühl, die Schultern gehen schwer durch, ich will mit den Füßen drücken ... jetzt bin ich durch.. Es ist nicht so angenehm, alles ist kühl und trocken, das Tuch ist rauh, die Luft schmeckt kühl und frisch, irgendwie nach Menthol, irgendwer hält mich am Arm, die Nabelschnur ist auch noch dran, ich habe gar kein Verlangen, bei meiner Mutter zu liegen, es ist dann doch angenehm, ich bin müde, schlafe ein ..." Eine andere Klientin fühlt sich anfänglich ebenfalls sehr fremd auf dieser Welt "...dann komme ich zu meiner Geburt. Ich liege klein irgendwo, und um mich herum stehen schemenhaft Menschen, die auf mich herunterschauen. Ich kann die Gesichter nicht richtig erkennen, mein Körpergefühl ist etwas ängstlich, vielleicht so wie Ausgeliefertsein (wie ein Tier in der Falle)."

Eine andere Geburt wird sehr drastisch so wiedererlebt: "Das ist Schmerz im Arm, er wird umgedreht, es zieht mich so lang, wie auf einer Streckbank, am Arm machen sie was, so als würden sie Blut abnehmen. Jetzt lassen sie mich endlich in Ruhe, ich bin froh, daß ich meine Ruhe hab. Alle Personen, die um mich rum sind, haben nichts weiter im Sinn als mich zu quälen. Da ist die fürchterliche Hebamme, meine Mutter hat sowieso von allem genug, meine Großmutter ist wieder ganz laut und hysterisch, mein Vater hält sich aus allem raus, ich bin dabei, will überhaupt nicht, bloß merkt das keiner, mir tut's so weh, es hat mich nie verlassen, es ist alles so lieblos ..." Und dieses Klima setzt sich fort: "In der Schule merkt niemand, wie unglücklich ich bin, ich bin trotzdem todunglücklich." (Später fühlt sie sich ihrem Beruf nicht gewachsen, wird frühpensioniert.) Auch Kleinkinder im Brutkasten spüren genau, was vorgeht: "Liege da wie ein Stück Fleisch, die Leute interessieren mich nicht, ich fühle nichts, nehme alles nicht so direkt wahr, wie unter Narkose, etwas wird mit mir gemacht, alles ist unklar, undeutlich, spüre mich auch selber nicht. Dann ist Ruhe, ich schlafe, alles ist vorbei ... Ich bin noch im Krankenhaus, da sind weiße Kittel, niemand nimmt mich auf den Arm, sie beugen sich über mich, alles ist sachlich, ich tue alles wie unter Zwang, ich merke, daß etwas zerstört worden ist, bevor ich geboren wurde, war ich lebendig ..." Wieviel Trauer klingt aus diesem letzten Satz! Wie gut würde er sich als Titel für ein Buch über sanfte Geburtshilfe eignen ...

Eine Klientin, die während Rebirthingsitzungen bei mir in ein sehr starkes Gefühl von Traurigkeit und Einsamkeit nach ihrer Geburt gekommen war, erlebt auch über die Rückführung eine identische Empfindung: Die Zeugung empfindet sie als "angenehm, ich denke nichts, ich weiß nichts." Im ca. 6. Monat spürt sie sich "in einer warmen Hülle, ich weiß nicht, daß das meine Mutter ist, höre Töne glucksen, wie Wasser plätschern", sie hört den Herzschlag, kann sich drehen, dann nach der Geburt: "Nichts passiert, ich liege da, wie beiseitegelegt, habe das Gefühl, die merken gar nicht, daß ich lebe, da kommt jemand, aber ich habe immer noch das Gefühl, wie weggelegt worden zu sein. Ich fühle mich erschöpft, k.o., die waschen mich ab, das erschreckt mich. Ich schreie, es ist nicht mehr als ein Reflex, nicht daß ich denke, ich schreie, es ist eher automatisch. Alles weitere ist immer nur zwischen satt sein, trocken sein, schlafen, alles geht immer wieder in Schlaf über ..."

Diese Berichte zeigen, wie sensibel und genau die ersten Stunden nach der Geburt registriert werden. Hier gibt es noch viel zu verbessern. Eine Krankenschwester berichtet in einem Buch über ihre Zeit in der Geburtsabteilung eines Krankenhauses, daß ihr gelehrt wurde, "Vor dem fünften

Monat **nach** der Geburt spüren Babies sowieso nichts ..."
Dagegen erlebt ein Baby unglaublich scharfsinnig, was mit ihr zwei Tage nach der Geburt geschah: "Fühle micht nicht gut. Der Vater ist gleichgültig, die Mutter unsicher. Meine Mutter nimmt mich, tröstet mich, drückt mich an sich, aber sie tröstet **sich** an mir! Sie benutzt mich! Meine Wärme! Ich bin kein Sohn, sie wird nicht akzeptiert von meinem Vater, sie wendet sich zu mir, meint, du kannst nichts dafür." Sie erlebt dann, wie sie gestillt wird, spürt Haß auf den Vater, auf seine dummen Sprüche, "er beachtet mich nicht, sieht mich gar nicht!" ... Ein Baby, das instinktiv Zugang zur Sartreschen Existenzphilosophie hat: Bin ich, was ich bin, oder bin ich, was ich in den Augen der anderen bin ...?

Beim Eintritt in die Welt werden also Schienen gelegt, auf denen ein Leben lang wahrgenommen wird. Es kann uns heute noch nachgehen, wenn wir gleich nach der Geburt weggelegt wurden. Eine Frau behielt Schuldkomplexe, weil sie sich bei der Geburt sperrte und damit einen Kaiserschnitt und fast den Tod ihrer Mutter verursachte. Ein Mann kann sich heute noch nicht in frische Bettlaken legen, der Grund dafür ist einfach: Nach der Geburt wurde er auf ein solches gelegt und empfand es trocken, rauh und scheußlich! Erst in der Sitzung fand er den Grund hierfür heraus. Habe ich bis jetzt alleine die Problematik des Wechsels von der friedlichen pränatalen Welt in die äußere Welt beschrieben, so erhält dieser Wechsel eine zusätzliche Dimension dadurch, daß das Neugeborene Erinnerungen aus dem letzten Leben in die neue Umgebung mitbringt. Eine Frau erlebte ihr letztes Leben und die Geburt in dieses Leben so: "Es ist Krieg, viele Menschen und Pferde laufen durch die Stadt, Hungernde, Frierende, es ist Nacht, ich sehe das von meinem Haus, da sind Soldaten, es scheint Berlin zu sein, ich sehe viele Menschen auf den Straßen, ich bin eine Frau, Jüdin, habe Angst ..." Sie wird abgeholt, in einen Zug gesteckt und in einem 'Badehaus'(Gaskammer) umgebracht : "... ich kriege keine Luft mehr, da ist wie Nebel, ich habe wahnsinnig Angst, alles ist so feucht, richtig feucht, ich möchte schreien, kann nicht, ich gehe aus dem Körper, fühle mich leicht und frei, habe keine Angst mehr, jetzt ist es vorbei, ich spüre eine ganz große Traurigkeit, fühle mich so richtig resigniert - jetzt ist nichts mehr da ..." Danach erlebt sie sich im Mutterleib: "Es ist angenehm, ich bin ganz klein ... es ist nicht so gut, daß ich komme, noch bin ich geschützt ... ich weiß, was mich erwartet, möchte gar nicht raus, möchte hierbleiben. (Die Geburt setzt ein) Ich soll aber raus (energisch) ich will das nicht! Die wollen mich rauszerren (lacht), ich wehre mich mit aller Kraft! Die halten mich fest, jetzt ist ein Weilchen Ruhe, meine Mutter ruht sich aus ... Sie haben mich doch rausgeholt. Mir gehts nicht gut. Fühle mich so verloren. Es ist keine gute Atmosphäre. Die Vorhänge sind zugezogen, ein paar Frauen sind da, jetzt kommt mein Vater zur Tür herein, mit meiner Mutter guckt er mich an, ich mag die Leute nicht. Spüre Unbehagen. Sie sollen alle gehen. Ich brülle, werde eingepackt, mit Tuch ...", Sie erzählt, es war genau die gleiche Wut gegen die Hand, die sie bei der Geburt herauszerren wollte, wie die Wut gegen ihre Peiniger aus dem letzten Leben; damit ging die Gewalt gegen sie weiter ... Nun ist klar, warum das kleine Wesen sich so entschieden und wütend gegen seine Geburt gewehrt hat ... Jedoch werden Praktiker, Eltern, Ärzte, Hebammen beim heutigen die Wiedergeburt ablehnenden Wissensstand noch eine Weile ahnungslos bleiben, warum manche Geburten so "kompliziert" verlaufen, warum manche Babies sich dagegen stemmen, geboren zu werden ...

Neugeborene Babies sind also psychologisch bereits komplett ausgestattet, sie wissen sofort über ihre Umgebung Bescheid, sie spüren Ängste, Rivalitäten, die familiären Reibungspunkte ... Dazu kommen der materielle Druck, körperliches Unwohlsein, das Angewiesensein auf Hilfe und Zärtlichkeit seitens der Eltern oder Betreuer. Werden die Weichen nun auf Negativ gestellt, fällt das Baby in sich hinein (Autismus), oder es reagiert aggressiv, zerstörerisch. Statt die Welt anzunehmen, macht es sie (oder sich) kaputt. Es entwickelt ein Programm, das auf Gewalt und Negativität statt auf Schönheit, Solidarität, Liebe anspricht. So gibt es heute viele zerstörerische Menschen, die nach außen die Welt durchaus anzunehmen scheinen, sie aber dabei zerstören wollen. Im Grunde strampeln und treten sie noch gegen alles, wie sie es als Baby taten, selbst wenn sie inzwischen erfolgreiche Karrieristen sind. Sie praktizieren eine Politik der verbrannten Erde und sind nur erwachsene Kinder, die ihr Geburtstrauma noch nicht erkannt haben. Sie finden es normal, ihre Härten und seelischen Grausamkeiten als Durchsetzungsvermögen und persönliche Ruhmestaten zu betrachten.

Was ist also zu tun? Die Antwort liegt auf der Hand: Alle Neugeborenen sollten liebevoll darauf eingestimmt werden, daß ihre Eltern ihnen ein gutes Leben bereiten wollen. Die beste Vorbereitung für alle zukünftigen Kinder wird sein, wenn die Erwachsenen selbst damit beginnen würden, sich für ihr Dasein zu belohnen, alleine dafür, daß sie auf diese Welt gekommen sind. In vielen Religionen wird den göttlichen Inkarnationen gedankt, daß sie körperlich in unsere Welt hinabgestiegen sind. Auch jeder einzelne von uns hat diese Entscheidung getroffen und sollte sich dafür belohnen, am besten mit einem Rückgriff auf die selbstvergessenen pränatalen Gefühle: bei einem Konzert, beim Aalen an einem heißen Strand ... wenn schon leben, dann auch genießen. Solche Eltern mag jedes Kind ... Wir sind geboren, dürfen in Licht, Luft und Liebe leben und sollten uns darüber freuen. Ganz sicher sollten möglichst viele Menschen sich mit ihrem Geburtserlebnis auseinandersetzen.

Das Erleben der eigenen Geburt und der dazugehörigen Ereignisse kann zu einem Wendepunkt im emotionalen Klima werden. Auch im folgenden Abschnitt über das Tantra von Liebe und Sexualität spielen pränatale Gefühle eine Rolle. Wie die Geburt kann auch die Sexualität traumatisch verletzend wirken, wenn sie nicht grundsätzlich in einem Klima von Vertrauen und Hingabe geschieht.

Das Tantra von Sexualität und Liebe

Die Sexualität begleitet uns auf dem Weg durch die Chakren und Lebensebenen und wandelt sich zu Liebe, dann zu Eros und dann zu Inspiration. Man kann sagen, es gibt verschiedene Sexualitäten, die aus den früheren Leben in uns hineinwirken können, wie ich es hier aus den vielfältigen Erfahrungen meiner Klienten veranschaulichen möchte.

Eine Frau erlebt sich in der frühen Steinzeit, in der es noch keine Religion, keine Zeremonien, keine offizielle Einbindung der Sexualität in soziale Regeln gab. Wegen eines körperlichen Defekts waren ihr eigene Kinder versagt, so kam sie zunächst nicht zum Heiraten, Liebhaber hat sie gehabt. Es war zwar kontrolliert, wer mit wem lebte oder ein Verhältnis hatte, aber es gab auch Mittel und Wege, sich zu treffen ... und viel freies Land ringsherum ... Sie weiß, daß der Zusammenhang zwischen sexuellem Akt und Zeugung in ihrer Gemeinschaft noch unbekannt war: "In sexuellen Dingen hat niemand aufgepaßt, wer was mit wem tut, niemand hat sich dafür speziell interessiert. Wenn Kinder kamen, waren sie da", berichtet sie. Es fällt auf, daß in diesem frühen Stadium die Sexualität nicht als solche im Bewußtsein der Menschen vorhanden war. Die Dinge geschahen einfach und wurden geregelt, so wie man sich etwa beim Hüttenbauen oder bei der Feldarbeit half. Die Sexualität war weder Ware noch Objekt, um das man kämpfen konnte und auch kein 'schmutziges Wort'.

Setzen wir diese Art der Sexualität, wie sie zum Leidwesen unserer Missionare heute noch in Naturvölkern praktiziert wird, auf der Ebene des Wurzelchakras an, so führt der nächste Schritt zu einer willkürlichen Sexualität, man "nimmt" oder "bekommt" etwas. Hier tritt auch Gewalt hinzu, ebenso wie Vergewaltigungen oder Prostitution bei Naturvölkern erst entstehen, wenn sie mit "höheren" Zivilisationsstufen in Berührung kommen. Ich möchte nun von einer Vergewaltigung berichten. Hier wird wie bei den beschriebenen Geburten etwas "mit Gewalt geholt" (Befriedigung), das Opfer wird traumatisiert, die Folgen dauern über viele Leben hinweg an: "Meine Fersen vibrieren, die Füße sind festgemacht, ich habe Angst vor der Situation, ich bin in einem ziemlich großen Raum, sitze halb, habe Angst. Da sind noch Menschen in dem Raum, die tun mir weh, ich bin nicht so richtig bei mir (stöhnt), irgendetwas ist in meinem Mund, was Großes, Weiches, es wird immer größer, riesengroß. ... die lachen so, der steckt seinen Penis ... ich habe so einen Haß auf den ... Jetzt ist es weg! Ich liege jetzt da, die überlegen, ob ich noch lebe ..." Nach der Sitzung berichtet die Klientin, als Kind habe sie nachts Erstickungsanfälle gehabt, die durch genau das gleiche Gefühl im Hals verursacht waren. Sie hätte sich 'fast die Seele rausgekotzt', ihre Eltern hatten sie wegen des dabei auftretenden Flüssigkeitsverlustes sogar ins Krankenhaus bringen wollen. Die Szene kam gleich in der ersten Sitzung, ein Anzeichen dafür, wie hochgradig die Energieladung, die damals angesammelt wurde, bis zum Zeitpunkt der Sitzung noch war.

Eine andere Frau erlebte eine ähnliche Erniedrigung sexueller Art: "Ich liege auf einem Tisch in einer Küche, es ist ein düsterer, kühler Raum, eine Feuerstelle ist rechts von mir, es ist schrecklich, ich bin so ausgeliefert, sie machen eine Abtreibung. Eine Frau macht es, ein Mann ist dabei, er hält mich fest. Das Kind ist von ihm. Ich bin eine Magd. Ich finde ihn widerlich, habe Angst vor ihm, kann mich nicht wehren. Die Frau stochert in mir herum, es tut weh, sie

halten mir was vors Gesicht, mir ist schlecht, zeitweise verliere ich das Bewußtsein, dann ist es vorbei ... er geht mit mir nach Hause. Ich bleibe im Bett. Er hat eine Frau. Sie zetert und schimpft. Zu mir hält sie nicht. Kinder hat sie auch, dann kommt er wieder, er schläft mit mir, obwohl mir noch alles wehtut. Ich wehre mich, aber es nützt mir nichts. Weil das so furchtbar ist, beschließe ich, wegzugehen."
Diese beiden Beispiele einer unpersönlichen gewaltsamen Sexualität mögen genügen. Sie stehen für die aggressive Seite des zweiten Chakras.

Weniger gewaltsame Erfahrungen der Sexualität mit schnell wechselnden Kontakten wird von fahrendem Volk, von Soldaten erlebt. Man trifft sich und trennt sich, ohne sich zu binden. So erfuhr sich eine Frau als Soldat in einer nicht sozialisierten Direktsexualität (2. Chakra): "Wir reiten auf Pferden, es ist wild wie eine Jagd. Wir sind wohl Soldaten, wir üben für den Angriff.. es ist aber nicht richtig Krieg. Abends schlagen wir ein Lager auf ... wir gehen ins Dorf, um uns zu amüsieren, manchmal in Kneipen, manchmal um Frauen zu finden ... Ich gehe mit einer. Sie ist hübsch und lustig, ihre Haare sind lang. Ich gehe mit zu ihrem Haus. Unten sitzt eine alte Frau am Spinnrad, aber das stört uns nicht. Wir gehen eine steile Treppe hinauf in ihre Kammer. Dann schlafen wir miteinander. Sie fühlt sich gut an, schön weich und hat schöne Brüste. Hinterher ist es schön, ich bin müde und erschöpft. Am Morgen muß ich wieder weg, zu den anderen. Wir bleiben dann wohl noch mehrere Tage, dann ziehen wir weiter, es gab dann doch wohl einen Kampf ... Viel Zeit ist vergangen, ich bin verletzt, mein Bein ist ab, da ist auch ein Verband um den Kopf, ich habe Fieber, mir geht es nicht gut ... Ich sterbe wohl daran."

Meist jedoch ist die Sexualität in soziale Regeln eingebunden , sie wird durch Besitz, Familie, Religion und

Tradition bestimmt. Somit ist sie auf der Ebene des dritten Chakras eingebunden (sozialisiert) und wartet darauf, die Liebe und Zuneigung des vierten Chakras zu erfahren. Hierzu ein Beispiel: Eine Klientin erlebte sich zur Zeitenwende als Mann in Nordafrika, er hat sich nach einigen Reisen als Händler niedergelassen und erlebt, wie er gerade mit seiner Frau schläft: "Ich bin Ende zwanzig, bin Händler. Ich handle mit Stoffen und anderen Sachen. (lacht) Ich bin gerade dabei, mit einer Frau zu schlafen, das ist meine Frau ... Meine Hautfarbe ist hellbraun, sie hat schöne, schwarze, glatte Haare, ein Kleid mit eingewebten Goldfäden, ich mag sie, sie ist hübsch. Sie fühlt sich gut an, ist temperamentvoll, geht mir aber manchmal auf die Nerven ..." Als er älter wird :"Ich habe etwas graue Haare, bin ganz schön beleibt. Das Haus ist ein Stück größer geworden ... Räume sind angebaut, außen eine Mauer, ein großes Tor, alles aus Lehm. Ein paar Frauen sind da, ein paar Kinder." Sein Verhältnis zu ihnen ist so: "Die Frauen sind eben da, die Kinder auch, sie sind mehr Frauensache." Seine erste Frau ist auch dick geworden, seine Gefühle für sie: "Gleichgültig". Er fühlt sich träge, sitzt viel herum, raucht Wasserpfeife und stirbt im Alter von etwa fünfzig Jahren. "Ich sehe von oben, wie der Körper daliegt, ein sehr alter Mann, die erste Frau sitzt daneben und weint. Sie trägt ein dunkles Kleid, die anderen sind gekommen und weinen auch. Ich fühle mich schuldig ihr gegenüber, sie hat mich die ganze Zeit geliebt, ich habe sie nur benutzt, neben ihr hergelebt, es fällt mir schwer, wegzugehen ..." Hier deutet sich ein Bruch mit einer fraglos unbewußten Lebensführung an, in der eine sexuelle Beziehung ohne emotionale Bindung gleichgültig im Rahmen der lokalen Tradition gelebt wurde. Erst nach dem Tod konnte diese Beziehung ein liebend-herzliches Niveau erreichen. Im Bedauern über die verpaßte Möglichkeit, mit der Ehefrau in eine tiefere, persönlich intimere Beziehung zu gelangen, erkennt der Verstorbene, daß seine Frau ihn geliebt hat, ohne daß er dies erwiderte ...

Wenn die Sexualität die Herzebene (4. Chakra) erreicht hat, wird sie in der Rückführung meist nicht mehr als sehr wichtig erlebt. Man ist anderen Menschen durch Teilnahme und Sympathie verbunden, die Sexualität ist erfüllend und unproblematisch, so daß kein Bedürfnis vorhanden ist, sie in der Rückführung speziell wiederzuerleben. Eine Frau, die wegen einer Beziehungsproblematik zu mir gekommen war, beschreibt die verschiedenen sexuellen Aspekte ihrer Vorleben so: "Ich habe Sex in den früheren Leben meist sehr unproblematisch und lustvoll und vollkommen dazugehörig erlebt. Einmal war das Besondere an dieser Erfahrung der Zusammenklang von Sexualität und tiefer Zuneigung. Ein anderes Mal war ich ein Freudenmädchen, und die Beziehungen, die ich da hatte, waren spielerisch, ohne Verantwortung, ohne Bindung. Das körperliche Erleben stand im Vordergrund. Wasser, Wärme, Blütenduft und Luxus waren damit verbunden. In einem anderen Leben war alles Sexuelle mit Erniedrigung, Ohnmacht, Gewalt, Unterlegenheit und Abneigung gegenüber einem Mann verbunden. Es war ein bestimmter Typ, gegen den ich heute noch etwas habe, ohne bis jetzt konkret zu wissen, warum. Es war für mich nicht überraschend, mich in einigen Leben auch als Mann zu erfahren und zu fühlen. Ich wußte bereits, daß das möglich ist. Ich lebte einmal als Mann mit zwei Frauen. Das sexuelle Erlebnis mit der einen (jüngeren) Frau, im Dunkeln auf der Schilfmatte, war sehr konkret. Ich streichelte ihren Busen und fand das sehr schön. Den folgenden Geschlechtsakt erlebte ich nicht so bewußt. Ich habe in den Sitzungen herausgefunden, daß in mir eine tiefe Suche nach dem Ideal von liebevoller Sexualität und hingebungsvollem Zusammenleben besteht. Wegen dieser Suche mußte ich auch leiden, bin tief gestürzt, aber gerade deswegen kann ich Liebe und Sexualität jetzt als ganz wichtigen Teil von mir verstehen und akzeptieren. Ich schade mir nur, wenn ich mich mit weniger zufrieden gebe, als mir zusteht." Die Klientin hat hier einen wichtigen Schlüssel zu ihrem Verhalten gefunden. Ihre sexuell geprägte Lebensenergie läuft wie ein roter Faden durch ihre Leben - und bereichert sie mit Freude und Leid. Heute kann sie versuchen, ihre eigene Rolle, ihr eigenes Selbstverständnis zu finden und zu aktivieren. Aber ist das nicht die Aufgabe von uns allen, gerade wenn es um die so ursprüngliche, direkte Kraft der Sexualität geht?

Es ist leicht, sich von einem abstrakten Gott oder Ideal ein unverbindliches schönes Leitbild zu machen, aber der sexuelle Pfad führt durch uns selbst hindurch, aufsteigend wie die Kundalini-Kraft, bis er uns zu geistiger Liebe und liebevollem Verständnis (6. Chakra) führt, einer inspirierten Weltliebe, die auf den ersten Blick scheinbar nichts mehr mit Sexualität zu tun hat. Wir dürfen so die reale Transzendenz des Sexuellen als Chance erkennen, ein gutes Gefühl für den ganzen belebten Kosmos zu entwickeln, das dann Grundlage für offenes Zusammenleben von ganzen Menschen wird. Ich hoffe, Du hast einen Eindruck davon erhalten, wie sich die Spannung zwischen den Geschlechtern von Existenz zu Existenz aufbaute und über ein unbewußtes Stadium über Ängste und Zwänge zu einer immer höheren Energie wird. Jeder sollte diese Spannung dankbar annehmen, er hat sie selbst in allen seinen Vorleben in unzähligen sexuellen Interaktionen aller Art gestaltet. Diese Spannung können wir in ein vertrauensvolles partnerschaftliches Verhältnis zu den Menschen des eigenen und des anderen Geschlechts einbringen. Dann wird aus der Sexualität eine neue kreative Kraft, die uns weiterführt und aus dem Leben und seiner Weitergabe ein bewußtes Fest macht.

Die Rückführung leistet hier das, was in sexuellen Initiationsriten ebenfalls angestrebt wird: der Sexualität ihren Anteil an Transzendenz zu geben, als bewußte 'Grenzüberschreitung' zum 'anderen' in anderen Menschen. In ihnen dürfen wir das eigene Bedürfnis nach Liebe wiedererkennen. Das ist Tantra: Über das eigene Sein finden wir bewußt Zugang zum Sein unserer Mitmenschen und der Welt.

Der Tod in der Rückführung: Metamorphose ins Licht

*"Das wäre der höchste Glanz auf dem **Tode**, daß er uns **weiterführt** in die andre Welt und daß wir **Lust** haben an allem Werdenden und darum auch an unserm Vergehn!"*

Friedrich Nietzsche

Dieser Satz klingt kühn und entspricht doch der Wahrheit. Das Sterben ist, wie aus den folgenden Berichten hervorgeht, im wahrsten Sinn des Wortes eine Kunst. Man kann den Tod auch als lustvolles Fest sehen, bei dem sich die Seele (Energiekörper, Astralleib) aus dem Körper befreit. So heißt Psyche, das griechische Wort für Seele, Schmetterling! Haben wir die Geburt mit einer Häutung verglichen, so ist der Tod der Ausstieg aus der Hülle, die ein Leben lang der Seele materielle Erfahrungen erlaubte. Ich möchte mich weiter auf Protokolle stützen, in denen Klienten von ihren Erlebnissen nach einem Tod in einem früheren Leben berichten. Dies soll dazu beitragen, den Tod als die Entwicklungsmöglichkeit zu entdecken, die er in Wirklichkeit ist. Wie wir uns nach dem Tod erleben, was wir da tun, ist ebenso wichtig, wie alles, was wir in unseren Körpern zu Lebzeiten erfahren.

Das Zurückgehen in der Zeit ist dem Einsetzen einer Grammophonnadel auf einer Schallplatte vergleichbar. Die Probanden erleben sich da, wo ihre Eindrücke einsetzen. Nicht selten liegt ihr Einstieg in Zeiten, in denen sie nicht lebten, also nach einem Tod. Das Faszinierende liegt darin, daß sie sich dessen nicht bewußt waren! Sie befanden sich in einer Zeit, in der sie nicht in einem Körper lebten. Sie geisterten also noch herum, wenn ich das so sagen darf, und auch ich als Begleiter mußte erst aus den folgenden Indizien ableiten, daß sie gerade in einer Nachtodphase waren: Der Proband hat eine normalerweise unmögliche Perspektive, er schwebt irgendwo oben, befindet sich im Weltraum, Lichter treten auf, Körpergefühl ist nicht vorhanden ... Doch auch diese Besonderheiten werden ganz normal erlebt. Bis jetzt kam noch kein Klient während der Sitzung auf die Idee, daß ihm das nur geschehen konnte, weil er gerade 'tot' war.

Die Erlebnisse nach dem Tod sind also nicht erstaunlicher als die Erfahrungen des täglichen Lebens. Die Dimension des Totseins wird nicht als solche erlebt. "Es ist nicht umwerfend, tot zu sein," formulierte jemand nach einer Sitzung. Es ist eher so, daß das, was über das pränatale Erleben gesagt wird, auch auf das Leben nach dem Tod übertragen werden kann. Geborgenheit, Kritiklosigkeit, Loslassen, Ge- oder Erlöstsein, Einssein mit sich selbst, bestimmen das Klima des Erlebens. Zunächst spürt der Gestorbene die Umwelt noch, aber er spürt sich nicht mehr als die Person, der diese Gefühle und Wahrnehmungen geschehen. Er kann nicht sagen, "Ich bin tot", weil kein Ich mehr da ist, dies zu spüren und sich zu sagen. Eine Ahnung von diesem Zustand hat sich auch im Volksglauben bewahrt. Geister, Wiederkehrer, Vampire können sich nicht im Spiegel sehen (reflektieren), obwohl sie den Spiegel als solchen sehen können. Auch die Zen-Mystik spricht vom ursprünglichen Gesicht, das immer existiert, aber ebenfalls nicht mit dem (im Spiegel) sichtbaren materiellen Gesicht gleichzusetzen ist. In der Esoterik wird die Erleuchtung mit einem Ich-losen Zustand gleichgesetzt, man spricht hier von einem Tod vor dem Tod.

Nach dem Tod gehen also die Eindrücke weiter und setzen sich wie von alleine fort. Aus den Erfahrungen der

Rückgeführten lassen sich folgende Aussagen über die Wandlung im Tod treffen:

Das Erleben des Todes

- Der Tod ist kein 'Ende' von etwas, das Erleben geht ununterbrochen weiter.

- Das Sterben ist immer Folge eines Entschlusses. Ab diesem Entschluß tritt der Sterbende in die Erfahrungskette der Sterbevorgänge ein. Dieser Entschluß ist bis zu einem gewissen Zeitpunkt noch umkehrbar, z.B. erfolgt durch Reanimation Wiedereintritt in den Körper.

- Der Sterbe-Entschluß kann in Notfällen blitzartig gefaßt werden, die Seele tritt durch Schock bei Unfall oder bei einem Absturz schnell aus oder langsam bei Krankheit, hohem Alter.

- Der Tod ist selbstbestimmt, der Sterbende (später Tote) hat nicht das Gefühl, es geschieht ihm etwas, das er nicht kontrollieren kann, er bleibt er selbst, er verliert auch nichts.

Die Zustände nach dem Tod

Erste Phase: Vom Entschluß zum Sterben bis zum Austritt des Geistwesens (Seele, Psyche, Astralleib, Dharmakaya, Schmetterling). Dies ist eine Auflösung durch die Elemente und Chakren im Körper bis zum 7.Chakra, wie es im tibetischen Totenbuch beschrieben wird.
Zweite Phase: Ist noch gegenständlich, der Tote interes-

siert sich so lange für Haus, Familie, die Beerdigung usw. bis er wiederum den Entschluß faßt zu 'gehen' oder nach oben gezogen wird.

Dritte Phase: Aufstieg ins Licht, Reinigung, Auflösung von Form und getrenntem (Ich)-Bewußtsein, Schweben im Nichts, das man auch selbst produziert, sonst wäre dieses Nichts auch nicht in der Rückführung erlebbar ...

Vierte Phase: Symbolische Phase, Erleben von Bildern, Treffen mit anderen Geistern, Reise zu anderen Planeten. Ungebundene 'Phantasiereise', Veränderungen, Lernen im Kontakt mit anderen Wesen oder Schwingungen.

Fünfte Phase: Wahrnehmung von irdischen Dingen, evtl. Aussuchen der nächsten Eltern, Zeugung als Wirbel, der in die nächste materielle Inkarnation hineinzieht.

Es ist mir als Autor hier wichtig zu versichern, daß alle diese Einzelheiten, wie ich sie hier schildere, auch wirklich von meinen Klienten erlebt wurden. Dies geschah nicht immer nach Schema, die Akzente beim Verlassen des Körpers und im Nachtod setzt jeder Mensch selbst. (Diese Übergänge erinnern auch an die Ergebnisse der Orgasmusforschung von Masters/Jonson.) Die einzige zusätzliche über jeden Zweifel erhabene Quelle, die ich benutze und die mir beim Verständnis der Todessystematik hilft, ist das Totenbuch der Tibeter.

Am folgenden Beispiel möchte ich zeigen, wie ein Proband ausführlich (fast eineinhalb Stunden lang) diesen Zustand nach dem Tod erlebte, ohne daß er jemals das Gefühl hatte, tot zu sein. Dabei durchlebt er auch die obigen Phasen, wobei er sich nur manchmal ein bißchen wundert, wie wenn uns im Traum etwas doch zu phantastisch vorkommt. Die Sitzung beginnt, er erlebt sich nach einem Tod, er sieht sich vor einem weißen Haus, davor sind Blumen, ein Feldweg, das Haus hat ein doppeltes Dach, welches tief heruntergezogen ist. Jetzt fällt ihm auf: "Ich schwebe da durch, als ob ich keine Füße hätte - und anfassen kann ich auch nichts. Ich habe Probleme, aufrecht zu bleiben, es ist, wie wenn ich unter Wasser versuche, mich in eine senkrechte Lage zu bringen, ich fühle mich so pendeln ..." (Er hat die Sitzung also in der zweiten, gegenständlichen Phase begonnen.) "Ich habe Schwierigkeiten, meine Bewegungen geschehen schwebend und zeitlupenhaft, denken kann ich gut, ich sehe alles ..." Das Haus ist ihm unheimlich, fremd, dann spürt er sich außerhalb des Hauses, halb über dem Dach. Der hintere Garten ist verwildert. "Da ist seit Jahren nichts mehr gemacht, ich bin jetzt über dem Garten, fühle mich leicht, auch etwas unsicher, kann das Schweben nicht beeinflussen, ich habe noch immer keine Füße, und es ist, als ob mich jemand festhält..." Auf meine Frage, wie das so ohne Füße ist, antwortet er: "Es macht nichts, daß keine Füße da sind, es ist nur komisch, wenn man einen Schritt machen will, und man dann schwebt ... Das einzige, das ohne Schwierigkeiten geht, ist Rumgucken, mit den Händen geht auch nichts und hören tue ich nichts, es ist still..." Ich frage nach seiner Kleidung: "Ich glaube nicht, daß ich etwas anhabe, ich komme mir eher wie eine Wolke vor, ohne Füße braucht man keine Hose ..." Dann ist er wieder im Haus, sieht einen Körper, "Er sieht sehr alt aus, wie tot, ..." (Er stellt also keinen Bezug her, denn was er da sieht, ist in aller Wahrscheinlichkeit sein Ex-Körper, in der folgenden Sitzung erlebt er dann auch, wie er diesen verläßt.) Er spürt sich dann über dem Haus schweben, sehr langsam, dann: "Jetzt bin ich schon sehr hoch über allem, von oben sehen die Berge wie Kulissen aus, dahinter ist ein Krater, oval wie ein Auge, viele kleine Dörfer sind da, eine Stadt, alles ist geometrisch wie kleine Würfel angeordnet". Dann geht er weiter, "Die Stadt windet und schlängelt sich wie ein Fluß, rechts und links sind dunkle Felsen, der Fluß schlängelt sich in die Unendlichkeit, sieht wie eingefroren aus ..." Dabei sieht er Regenbogenfarben, die der Lichtauflösung der dritten Nachtodphase entsprechen. Dann sieht er eine Figur auf einem spitzen Felsen, breitbeinig, groß, sie bewegt sich, hat einmal etwas wie einen Speer, dann wie einen Schild. Sie ist wie aus Stein und wirkt etwa wie die Freiheitsstatue, die Rückseite ist grasgrün, ein blasses Grün, sehr hell. Die Sonne steht tief, aber das rote Sonnenlicht kann das Grasgrüne nicht einfärben. (Jetzt ist er in die vierte 'phantastische' Phase eingetreten.)" Jetzt wird alles etwas dunkler, ich schwebe seitlich runter, das ist ein Tal unter mir, Berge sind da mit Bäumen, ein schmaler Fluß, schlammig, ohne Wasser ... der Fluß hört auf, da ist ein heller weißer Fleck. Ich treibe auf den hellen Fleck zu, jetzt bin ich mitten drin, jetzt ist alles nur noch hell und weiß um mich herum (Lichtauflösung). Es ist wie eine Wolke, durch die ich durch bin, da ist ein viel schmäleres Tal, der Fluß fließt anders herum, da sind lauter Kurven. Die Landschaft sieht aus wie ein Körper, wie das Becken einer Frau. (Vgl. Tibet. Totenbuch, 3. Bardo, nach meiner Zählung fünfte Phase: weibliche Anziehungskräfte wirken auf die Seele, laden zur Wiedergeburt ein.) Dann hört die Landschaft auf, er wird von einem Zimmer angezogen: "Da ist ein Bett, Nachttisch, ich höre auf zu schweben, stehe wieder, die Füße stecken im Boden drin, ich kann mich auf den Bettrand setzen, ins Bett legen, dicke Kissen sind da, es ist gemütlich, das Zimmer kenne ich, mein Kinderzimmer war so, da war früher meine Eisenbahn ..."

Er ist in seiner Kindheit angelangt. Und nach all diesen Geschehnissen greife ich ein und führe ihn in die Jetztzeit zurück. Nach der Sitzung beschreibt er seine Gefühle: "Ich konnte runtergucken, da war nicht ansatzweise das Gefühl von Angst. Alle negativen Gefühle waren gelöscht. Es war nie belastend, eher umgekehrt, die Belastungen des Lebens waren weg. Nur die Ungeschicktheit der Bewegungsabläufe war lästig." Nach der Sitzung fühlt er sich gelöst, positiv beeindruckt. In der nächsten Sitzung geht er wieder zu dem Haus, fühlt sich nun als Lebender: "Es ist nicht der Schwebezustand vom letzten Mal. Ich gehe die Treppe hinauf, habe einen Stock in der Hand. Mein Körper ist sehr alt, wacklig, die Füße sind jetzt da, ich gehe ganz langsam in den Speicher, wo das Bett steht, das Bett ist aufgedeckt, ich lege mich hinein, ein Bein schlägt so ein bißchen nach, den Stock lehne ich nebenhin, ich glaube, ich habe gar keine Schuhe an, ich decke mich zu." Jetzt erlebt er den Beginn des Sterbens ab erster Phase: "Es tut gut, so zu liegen, ich liege auf der linken Seite, da schlafe ich ein ..." (Ich fordere ihn auf, jetzt dabeizubleiben, weiter zu erleben ...) "Jetzt verschwindet das Bett unter mir ... Ich bin durch, aus dem Dach raus, bin über dem Haus. Alles ist so weiß, so milchig, das Licht kommt von überall" (wie fühlst du dich?) "Ohne Körper ... Das Einschlafen war so schön, so leicht, ich sehe jetzt das Haus von oben." Nach der Sitzung findet er den nachgelieferten Tod, der das Erleben der ersten Sitzung vervollständigte, hochinteressant. "Es macht Spaß, das zu erfahren, dieses ungehinderte Losziehen nach dem Tod. Es war wie der Abschluß einer Sache, es hat dazugehört. Wenn ein Mensch so sterben kann, ist das in Ordnung. Es war ganz leicht und weich, ohne Zögern, ein kleiner Moment, wie wenn man Zigarettenrauch ausstößt".

Dazu noch zwei Anmerkungen. Der Klient sagte: "Jetzt verschwindet das Bett unter mir," er hat also das Gefühl, daß er weiterbesteht, aber dadurch, daß er seinen Körper "verliert", hört das Kontaktgefühl zum Bett auf! Dies wird im tibetischen Totenbuch "Verlust" der Welt beim Sterben genannt. Seine Ungeschicklichkeit nach dem Tod, er empfindet es als seltsam, einen Schritt machen zu wollen und "dann sind keine Füße da, mit den Händen geht auch nichts", entspricht dem, was der Tibetforscherin Alexandra

David-Neel von einem Lama über Verstorbene im Nachtodzustand berichtet wurde: "Sie wollten etwa den Pflug ergreifen, um ihre Felder zu bestellen, oder ihre aufgehängten Kleider vom Nagel nehmen und anziehen. Sie ärgerten sich dann, wenn sie die gewohnten Bewegungen nicht ausführen konnten."

Betrachten wir noch zwei 'Insider'-Schilderungen, bei denen der Austritt nicht durch natürlichen Tod (Altersschwäche) wie oben, sondern durch Absturzschock bedingt wird: "Der Sturz hat ziemlich lange gedauert, weil die Wand fast senkrecht nach unten geht, den Aufprall spürt man nicht mehr, da schaltet der Verstand vorher ab ... der Körper ist kurz an einem Baum hängen geblieben, hat sich überschlagen, ist dann ein Stück runtergerollt, dann zwischen den Bäumen hinter dem See liegengeblieben. Ich habe das teilweise von außen gesehen, bis zur halben Höhe von oben, ab der Baumkrone sehe ich es dann von unten. Während des Falls hatte ich nur einen Gedanken, schnell raus aus dem Körper, bevor es wehtut ... Jetzt habe ich das Gefühl, der da liegt, ist unwichtig. Während des Sturzes war mein Herz zusammengekrampft, einer starker Stich war da, ein großer Schrecken. Zuerst war noch eine Reaktion, mich festhalten zu wollen, aber ich habe in die Luft gegriffen, der Schreck beim Kippen ließ dann nach, man weiß, daß es unausweichlich ist, was kommt. Dann hatte ich den Gedanken, daß ein größerer Schaden hätte entstehen können als nur ein körperlicher, meine Angst war aber nur eine falsche Annahme, meine Panik kam mir dann eher grundlos vor.(Er überlebt den Sturz ja, obwohl er "stirbt".) ... Jetzt geht's weg, rauf in die Wolken, alles verschwindet, wird grau. Ich schwebe an der Küste entlang, auf das Meer hinaus, die Sonne scheint von oben, weiter hinten ist es dunkler ..." Dann bat der Klient mich, beim nächsten Termin noch einmal durch den Sturz zu gehen, er hatte gespürt, daß eine Höhenangst, die er seit dem zwanzigsten Lebensjahr entwickelt hatte (etwa dem Lebensalter, das dem damaligen Sturz entsprach?) inzwischen fast verschwunden war. Ich ließ ihn dann den Sturz ganz detailliert wiedererleben: "Ich überschlage mich nach vorne, dann wird es schneller, auf halber Höhe gehe ich raus, ja, es könnte auf halber Höhe sein. Der Körper ist mehrfach aufgeschlagen, auf einer schrägen Stelle, unten ist Geröll, ich lieg' da.. (Ich lasse ihn nochmals nach oben gehen und den Sturz erleben) "Im ersten Teil sehe ich mich von oben mit den Augen, den Rest (die zweite Hälfte des Sturzes) von unten, sehe den Körper herunterpurzeln, er rollt aus. (Wie weit bist du davon entfernt?) Bin 8-10 Meter davon weg. (Hast du Angst?) Hinterher ist keine mehr da." Auf meine Frage, wann die Angst genau aufhört, kommt die Antwort: "In dem Moment, wo man rausgeht." (Und vorher?) "Das ist ein Riesenschreck, daß sogar die Luft wegbleibt. (Weswegen der Schreck?) Wegen dem Aufprall, dem Schmerz."

Auch das Magazin "Der Spiegel" beschäftigte sich mit der Angst- und Schmerzfreiheit bei Bergunfällen: "In Wahrheit läßt der Absturz, wie Überlebende berichten, keine Angst aufkommen, sondern bewirkt eine seltsam friedvollschöne Gemütsverfassung und tut überhaupt nicht weh. "Zuletzt", schrieb Bergsteiger und Geologe Albert Heim in seinen "Notizen über den Tod durch Absturz", "hört der Stürzende oft schöne Musik und fällt dann in einen herrlich blauen Himmel mit rosafarbenen Wölklein hinein." Aus eigenem Absturz-Erleben erinnert sich Heim: "Ich empfand keinen Schmerz." Ein anderer (Bergsteiger) fand sich "schwebend auf die angenehmste Weise nach unten getragen" und urteilt: "Ich könnte mir keine leichtere, schönere Todesart denken."

Vergleichen wir diese Feststellungen noch mit einem tödlichen Sturz, den ein anderer Proband - damals als Frauin einer Rückführung wiedererlebte: Dieses frühere Leben begann mit einem harten Gefühl im Kopf. Der Klient berichtete, sein Hinterkopf brenne wie Feuer, zusätzlich sei ein hartes Druckgefühl da. Dann stellten sich visuelle Eindrücke dazu ein: "Eine Person fällt und fällt, fällt runter, wird gestoßen, in einen tiefen Graben mit viel Gebüsch, er ist sehr tief, die Mauern sind aus Steinen mit Lehm dazwischen, extrem großen Steinen. Jetzt geht mich das irgendwie nichts mehr an, ich gehe nach rechts weg, sehe viel Wald vor mir, eine riesige Ebene, am Horizont Berge, unten ist etwas wie ein Fluß, ein breiter Fluß, ein Bach mündet hinein, da ist jetzt viel Licht, es ist ganz hell. (Was ist dein Gefühl, das Licht betreffend?) "Es ist sehr hell, es könnte blenden, blendet aber nicht. (Woher kommt es?) "Es kommt von hinter den anderen Bergen, es ist sehr breit, fast der ganze Horizont leuchtet, es könnte Sonnenaufgang sein ... (Von welcher Perspektive siehst du das?) Ich bin so hoch wie das Licht, die Ebene ist weit unter mir, Hunderte von Metern, ein steiler Berg ist hinter mir ... (Was fühlst du in bezug auf die Landschaft unter dir?) Ich habe keine Gefühle, aber alles ist mir bekannt ..." Wir gehen dann vor diesen Tod in das davor liegende Leben zurück, mit der Folge, daß wir nach dem Älterwerden die gleiche Todessituation noch einmal durchlaufen. Es hört sich diesmal so an: "Man nimmt mich an den Armen, schubst mich, ich bekomme einen Stoß in die Rippen, dann Fallen, Fallen, da sind die Steine, das Wasser, es ist die gleiche Situation. Jetzt ist es wie Aufhören, wie wenn eine Wolke sich auflöst, ich kann das nicht lokalisieren. Jetzt spüre ich das Schweben, das Licht, es ist nicht warm, nicht kalt, aber unglaublich hell, es geht durch mich durch ..." In der Unterhaltung nach der Sitzung erhalte ich noch folgende Details: Der Tod trat eigentlich schon vor dem Aufprall ein: "Ich bin da in die Steine hineingefallen, aber vor dem Aufkommen war Schluß, und ich stand ein paar Meter nebendran, sah den Körper liegen und ging dann seitlich weg, wie etwa eine Sinuskurve sich bewegt." (Als Naturwissenschaftler drückt er sich auch über seinen Tod noch genau aus ...) "Dann schwebte ich hoch, wie wenn man mit einem Drachen hochfliegen würde ..."

Betrachten wir nun einen angstfreien, bewußten Tod, den eine Frau vor zweitausend Jahren hatte. Von ihrem Vater, der ägyptischer Astrologe zur Zeit der römischen Eroberung war, wußte sie um ihr Weiterleben nach dem Tod, was ihr Sicherheit gab. So bleibt sie im und nach dem Tod bewußt und sucht sich eine neue Geburt nach Wunsch aus, so wie das Tibetische Totenbuch dies auch als Idealfall ansieht. Und ... ganz zufällig geschieht diese Geburt dann auch in Tibet, dem Land der bewußten Inkarnationen, wo das Geburt-Tod-Spiel am vollendetsten praktiziert wird.

"Ich liege da, bin einfach alt, will gehen, mein Mann lebt nicht mehr, ich kann in Frieden sterben, mein Sohn ist unabhängig, neben mir sitzen mein Sohn und meine Tochter, sie sind nicht traurig, ich brauche keine Angst zu haben, wenn ich gehe, ich kann loslassen, aus dem Körper gehen, muß nicht kämpfen. Ich schwebe jetzt ein bißchen über dem Körper, sehe uns alle drei, sie nehmen sich in den Arm, sie vertragen sich gut. (Wie war dein Sterben?) Es löst sich so auf, ich habe keine Schmerzen gehabt, es ging mir körperlich ganz gut zum Schluß, ich war nicht krank. (Gehe noch einmal vor den Tod und spüre, wie du stirbst!) Ich fühle mich ganz stark im Herzen, habe ein Gefühl, da ist viel Liebe für die Kinder. Wenn ich wiederkomme, will ich mit den Kindern zusammensein, jetzt bin ich aus dem Körper, schwebe über dem Kopf, fühle mich noch mit dem Körper verbunden, ganz langsam löse ich mich, mein stärkerer Teil ist am Kopf ausgetreten, der stärkste Punkt war oben über dem Kopf, dann ist da etwas wie eine Hülle, das ist ausgetreten und schwebt ganz langsam hoch, wie wenn der ganze Körper hochschwebte, ein weißliches, helles Licht ..." (Der Austritt am Kopf entspricht auch der tibetischen Lehre, nach welcher die Seele durch den Schädel ausgestoßen werden soll. Dies ist auch der Punkt, der für die Erleuchtung eine Rolle spielt, gleichzeitig der Endpunkt der Kundalinikraft, welche die Wirbelsäule hochzieht.) Ich weiß nicht so richtig, wo ich hin soll, sehe die Stadt noch, freies Land ringsum, wüstenähnlich, ich weiß nicht, was ich machen soll, wohin ich soll, spüre, das ist alles vorbei, möchte in ein anderes Land, weit weg, Neues erleben, das hier ist abgeschlossen ...

Jetzt bin ich schon weg, spüre, ich bin ganz weit weg, das fühlt sich mehr wie der Kosmos an (Sie lacht auf). Ich habe ein Gefühl wie: "auf zu neuen Taten!" Ich will möglichst bald wieder leben. Ich sehe die Erde, bin auf der völlig anderen Seite der Erdkugel, gehe so über das Meer ... Jetzt sehe ich Land unter mir, eine Ebene hoch in den Bergen, es kommt mir wie Tibet vor, grünes Land mit kurzem Gras, eine Hochebene, nicht viele Bäume, große Stille. Ich sehe Mönche mit kurzgeschorenen Haaren, Lhasa, ein großes Haus, weiß nicht, ist es Palast oder Kloster. Ich fühle, meine Aufgabe ist es, da zu leben, spirituelle Arbeit zu tun, mein Meister ist da, ich spüre, er ist da. Es ist mir nur nicht klar, wie ich ins Leben kommen soll. Ich beobachte alles wie von einer anderen Ebene aus. Jetzt sehe ich zum ersten Mal Frauen, vorher habe ich nur Männer, Mönche, gesehen. Jetzt sehe ich auch Häuser, Läden, Händler, Straßen, Kinder. Bin auf der Straße und suche nach etwas ganz Bestimmtem, meine Mutter, die Frau, die ich brauche, um auf die Welt zu kommen. Ich suche eine ganz liebe Frau, ich will nichts Schlimmes erleben, eine ganz gute Basis haben. Jetzt sehe ich auch einen Mann, er ist Handwerker, zu dem habe ich kein so gutes Gefühl, aber zu der Frau schon. Die Frau ist mir wichtiger, der Mann macht einen eher bösen Eindruck. Sie strahlt viel Ruhe aus, ist in sich gekehrt, hat ganz viel Stärke, ich sehe mich so auf der gleichen Höhe, wie ich um sie herumschwebe. Ich weiß, ich muß in ihren Bauch rein, aber der Mann wird für die Zeugung gebraucht. Sie spürt, daß ich kommen will, die Beziehung zu ihm ist zwar nicht gut, aber sie will ein Kind ... Jaaa, oh jaaaa! Jetzt sehe ich, er trinkt ganz gern einen ... er hat sie regelrecht vergewaltigt, jetzt spüre ich, ich bin in ihrem Bauch drin, sie ist glücklich, freut sich ... (Sie macht einen Zeitsprung) Ich bin ein Junge, ein paar Jahre alt, der Vater stirbt bald, hat viel getrunken, hatte einen Unfall. Wir sind beide froh, daß wir ihn los sind. Ich gehe immer zu den Mönchen, das zieht mich stark an ..." Später wird sie Mönch und stürzt von einem Berg.

Hier ein letzter Bericht einer Klientin, die über ihre Schwierigkeiten loszulassen klagte und meinte, in etwas aufzugehen sei ihr größtes Problem. Ihr Beispiel zeigt, wie traumatisch ein angstvoller Tod sein kann. Sie starb als Indianerin und verkrampfte vor dem Tod, da sie offensichtlich nichts von der Wiedergeburt wußte: "Ich sah mich mit einem Messer im Herzen daliegen, mein Herz zuckte noch, eigentlich müßte ich tot sein, dachte ich, so tief, wie das Messer durch die Rippen hindurch im Herzen steckte. Ich durchlebte wirklich so die letzten Minuten vor meinem Tod, ich spürte das Messer, nein, ich sah es, als ob ich von innen heraus auf meinen Körper sehen würde. Es war kein körperlicher Schmerz, es war vielmehr der seelische Schmerz, sich hingeben zu müssen, sich loszulassen, sich nicht mehr an dieses Leben zu klammern. Ich flehte zu Gott, ob es wirklich sein muß, ob es keine andere Möglichkeit gäbe, sah aber auch kein Entrinnen mehr. Ab einem bestimmten Zeitpunkt gab ich mich hin, wehrte mich nicht mehr gegen das Sterben, lebte noch die letzten Minuten, die mir ewig erschienen, mit einem Messer im Herz, obwohl ich doch eigentlich sofort hätte tot sein müssen. Ich spürte, wie ich dann ganz weit und breit wurde, keine Angst mehr hatte und wartete, was mit mir danach geschehen sollte. Einen Moment lang sah ich, wie sich ein helleuchtendes, kugelförmiges Gebilde aus meinem Körper herauslöste ..."

Die Angst der Klientin vor dem Loslassen war in Wirklichkeit in einer Angst vor dem Tod begründet. Dieses Verkrampfen gegen den Tod wird durch die hierzulande noch verbreitete todesfeindliche, unwissende Einstellung verstärkt, wie auch eine sexualfeindliche Erziehung aus der an sich positiven Sexualität einen Alptraum macht. Doch mit einer tantrischen Einstellung erfahren wir, daß Leben, Liebe und Tod aufeinander abgestimmt sind. Mit diesem Wissen kann man Liebe und Tod mit einer positiven Erwartungshaltung entgegentreten, dann bekommt man Wunschpartner, Wunschwiedergeburten ... Doch wenn man aus Angst und Unwissenheit zum Tod sagt: "Ich will nicht", spaltet man sich von einer sinnvoll eingerichteten Überwirklichkeit ab, will kontrollieren, protestieren, manipulieren, man sorgt sich. So kommt es zu Konflikten mit der tantrischen Lebenseinheit, deren Teil wir sind. Diese Konflikte können uns krank machen. Heilen können wir uns nur, wenn wir der Wirklichkeit in uns vertrauen.

Die Reinkarnationstherapie ist hier grundlegend wirksam. Allein die Grenzen zu einem anderen Leben zu überschreiten und das "Ich will nicht" aufzugeben, ist ein kleiner Tod des Egos, das uns nur unnötig begrenzt. So erhielt die Klientin, die oben gegen den Tod kämpfte, eine neue Lebenseinstellung. Sie hatte in der Sitzung wirkliches 'Loslassen' erlebt: "Danach hatte ich das Gefühl, ich kann wirklich in der Zeit hin- und herwandeln, es gibt keine Zeit mehr, die 'Gegenwart', mein 'jetziges' Leben ist nur durch entsprechende Gedanken begrenzt. Jetzt weiß ich um dieses Gefühl des ewigen Lebens, sich Zeit lassen zu können, nicht rennen zu müssen, weil ich ja schon so lange lebe und noch viele Leben leben kann und und vielleicht werde ..."

Das Tantra der Erleuchtung im Tod:
Wir sind Kinder des Lichts

Das zentrale Element des Todes ist das Lichterlebnis. Doch wohl kaum ein Phänomen wird in der christlichen Bildsprache so schlecht behandelt. Statt von Licht spricht man von ewiger Finsternis, statt vom Aufstieg der Seele von einem tiefen Tal und statt einer möglichen schönen Wiedergeburt malt man die Schrecken des Jüngsten Gerichts an die Wand! Doch wie sieht die Wirklichkeit aus?

Anhand der vielen Sterbeerlebnisse, die in meinen Sitzungen geschahen, komme ich zu dem Schluß, daß der Einzelne selbst die Gestaltung seines Todes (wie auch des Lebens zuvor) ausrichtet. Klienten, die sehr früh (Steinzeit oder noch früher als Tiere) starben, berichteten von einem einfachen Grau nach dem Tod, danach kam nichts mehr. Es scheint also, als ob wir im Verlauf unserer individuellen Vergangenheit besser und besser zu sterben und damit auch phantasievoller zu leben gelernt hätten. Wir akkumulierten von Geburt zu Geburt mehr und mehr Erfahrungsmöglichkeiten und Bewußtsein. Je mehr Wechsel von Leben zu Nachleben wir hatten, umso besser haben wir zu leben und zu sterben gelernt. Bei jedem Sterben knüpfen wir an vergangene Tode an und wissen, was geschieht und was wir zu tun haben. Es liegt an uns selbst, wie wir sterben und zum Licht kommen.

Nach dem Tod finden wir uns in einem selbst ausgestalteten Himmel wieder. Dies erkennt man auch an den Figuren, welche die Toten antreffen. Ein Indianer sieht Indianer im Tipi, Büffel und Pumas. Ein Älpler erlebte, daß er seinen Wanderstab und seine Lederhose dabei hatte und den heiligen Ignaz traf. Buddhisten treffen Buddha, Christen jesusähnliche Wesen, auch der Guru aus diesen und früheren Leben erschien nach dem Tod. Dabei kommt es zu keinen Verwechslungen, jeder findet das, was er liebt und kennt oder ersehnt. Ein Klient geriet in eine Jenseitsakademie, er konnte sich Wesen anschließen, welche die Sparten Musik, Malerei, Finanzen, Geisteswissenschaften und logisches Denken repräsentierten. Wichtig ist es, bewußt zu bleiben, das ist die tantrische Aufgabe im Tod. Deshalb halte ich es für genauso wichtig, wenn meine Klienten mehr über die Möglichkeiten des Jenseits erfahren, und beschränke mich nicht nur auf ihre früheren Leben auf unserem Planeten. Meist steuerten sie sich selbst in Erlebnisse nach einem Tod, besonders wenn dort noch etwas aufzuarbeiten war.

Analysieren wir deshalb einige Entwicklungen nach einem erzwungenen oder anders belasteten Tod, bei dem das Sterben, das "Abnabeln" vom Körper nicht problemlos vollzogen werden konnte. Im Geschehen nach dem Tod konnten mitgenommene Belastungen nur schwer oder nicht gelöscht werden: Eine Frau, heute (wieder) Heilpraktikerin, war in einem früheren Leben als Hexe verbrannt worden und bewegte sich nach ihrem Tod noch mit enormem Resthaß durch die unsensiblen, johlenden Zuschauer des Spektakels. Dieser Haß wurde in der Jenseitsphase nicht gelöscht. Im nächsten Leben beging sie als russische Landadelige brutale Grausamkeiten an ihren Bauern. Davon wiederum behielt sie für die heutige Existenz sehr große Ängste zurück, sie könnte abgelehnt werden. (Natürlich wurde sie damals von den Bauern auch 'abgelehnt', sie erstachen sie ...) Eine andere Frau hatte in einem früheren Leben (als Mann) fünf andere Männer in einer Familienrache getötet (erwürgt). Im Sterben noch beichtet sie ihren Angehörigen diese Morde, aber nach ihrem Tod ist sie verzweifelt und traurig, weil sie das "Licht" nicht findet, die Belastungen aus Haß und Töten sind noch da, wohl auch durch das Beichten restimuliert. Sie kann lange nicht "heimgehen ins Licht". ... Ein Mann war früher als Mönch so stark gefoltert worden (übrigens von anderen Mönchen), daß er seinen daraus resultierenden Tod in einem Zustand der Bewußtlosigkeit erlebte. Er hat bis heute ein starkes Gefühl von Wut und Frustration zurückbehalten, man hatte ihm damals den Tod "gestohlen", er bekam nicht mit, wie er starb. Er hatte in dieser Sache schon mit verschiedenen Therapeuten gearbeitet, auch bei mir kam sie genauso stark wieder hoch. Eine Person sprang ins Wasser, (Suizid) es kam zu einem angstvollen Kampf, bis sie untergehen konnte. Sie brauchte dann noch längere Zeit, in der sie noch im Körper blieb (und sich darin spürte), bis sie sich lösen und endlich ins Licht schweben konnte. Sie protokollierte: "Irgendwann verließ ich meinen Körper. Dieses Gefühl war unbeschreiblich schön. Alles war leer, warm und vergessen. Nichts war mehr wichtig, um mich herum war warmes Licht. Ich war das Licht, das höher und höher schwebte. Es war ein Gefühl der unendlichen Freiheit." Bei zwei weiteren Suizidfällen traten Vergessen und Abschweben ins Licht ebenfalls verzögert ein. Einmal wird noch eine Leichenhalle wahrgenommen, in der "eine Atmosphäre des Todes" herrscht. Die Versuchsperson ist tot, spürt jedoch noch, daß eine Beziehung zum "Nichtleben" da ist, sie fühlt sich entsprechend unerlöst. Der Tod ist nur körperlich, nicht jedoch psychisch eingetreten. Eine andere Versuchsperson irrt nach einem Suizid mit einer "Last auf dem Rücken" umher, die Menschen und Szenen des Alltags, die sie noch wahrnimmt, haben bedrückenden, freudlosen Charakter. Doch dann wandeln sich die Eindrücke allmählich, alles wird fröhlicher, freier, sie kann ins Licht hochschweben, während sie zuvor "niedergedrückt" war. Eine andere Probandin ärgert sich, weil ihr Körper verbrannt wurde, geistert wütend umher und hätte den Überlebenden gerne etwas Böses angetan, aber sie ist machtlos und entschließt sich dann doch dazu, sich zu lösen und ins Licht zu entschweben.

Diese wenigen Beispiele mögen genügen, um zu zeigen, daß der Tod immer ein Weg ist, der ins Licht führt, in ein Licht, das wir (vgl. Glanzphase im tibet. Totenbuch) selbst bewirken, das wir als unsere innere Energie immer in uns tragen. Unser materielles Leben wird oft zu negativ bewertet, aber es scheint nur dunkel um uns, weil wir unser Licht "vergessen" haben. Dieses Licht, diese Lichtenergie tragen wir in uns, es macht uns zu Kindern des Lichts. Wie schattenhaft ein Leben verlaufen sein mag, auch der größte Sünder hat nicht die Macht, sich von der heilenden Kraft dieses Lichts loszusagen. Keine Missetat kann es auslöschen. Das Licht bleibt immer rein und unbefleckt. Dies entspricht der Lehre des Mahayana-Buddhismus, nach der alle Menschen erleuchtet sind. Mit einer tantrischen Lebensweise können wir uns wieder auf dieses Licht zubewegen, wenn Vertrauen und Harmonie mit der Welt immer stärker unser Leben bestimmen. Dazu ist eine gelöste Lebensweise erforderlich, Anerkennung unserer Natur, spirituell, körperlich und seelisch.

Es ist sicher eine Stärkung, dieses Licht in Rückführungen erlebt zu haben, zu wissen, es ist reinigend und barmherzig, es löscht Negativität und heilt die Wunden, die wir uns in einem eingebildeten Kampf gegen die Welt zufügen. Je bewußter die Sterbephasen erlebt werden, umso heilvoller und wohltuender geschieht die Verbindung mit dem Licht. Dieses Licht kommt aber nicht nur von außen, es ist eigentlich das innere Licht, unsere innerste Energie, die nun freigesetzt wird. Irgendwann werden wir alle dieses Licht auch schon im normalen Leben spüren, dann werden alle Menschen erleuchtet sein. Bis dahin sollten wir jedoch auch so leben lernen, daß wir uns den Zugang zu diesem Licht weder im Leben noch im Tod erschweren.

Zu wissen, dieses Licht, in das wir eingehen werden, gibt es permanent in uns, es wartet darauf, uns im richtigen Moment heimzuholen, ist ein großer Trost. Es ist das zentrale Element in uns, das unser Tun und unsere Erfahrungen in Leben und Tod leitet, unwandelbar und fest wie der Polarstern am Himmel.

Heilung als Geschenk

Die Ganzheit annehmen

Es ist eine wirkliche Freude für mich, mit Dir die Erfahrungen aus meiner Reinkarnationspraxis zu teilen. Ich durfte die enorme Vielfalt von Leben vorstellen, die in uns allen verkörpert ist, die sich in den Sitzungen zeigte. So viel Liebe, so viele Tode, so viele Geburten, so viele Leben. Alles paßt irgendwie zusammen, alles stimmt. Und wenn, wie geschehen, in einer Sitzung ein alter Bauer stirbt, er hatte einen Unfall, seine Verwandten sitzen um ihn und er träumt sich schon ins Jenseits, sieht die Heiligen aus der Kirche, wacht wieder auf in seinem Bett, geht wieder, kommt wieder, dann sagt er, "jetzt ist es anders, jetzt bin ich von allem gelöst, schwebe ins Licht," dann ist darin eine lebendige Harmonie enthalten, deren Entdeckung für den Fortgang unserer Kultur genauso wichtig sein wird, wie alle technischen Erfindungen. In der Sitzung davor wurde eine Frau in einem Indianerzelt geboren, es riecht nach Milch und Fellen, alles ist im Überfluß da, die Eltern kümmern sich liebevoll um den Neuankömmling, da finde ich als zeitversetzter Zeuge dieses Geschehens den Rahmen, in dem wir leben, lieben, sterben, wieder geboren werden, wirklich beglückend. Alles ist da, wird uns geschenkt, die äußere Natur, unsere Körper, unsere Lichtauflösung im Tod, unsere Wiedergeburt. Nur haben wir manchmal Probleme mit dem Annehmen des Ganzen. Altwerden und Sterben sollen Geschenke sein? Dann hätte ich gerne etwas anderes, sagen viele ... Doch wer wird alt, wer wird krank, wer empfindet manchmal Schmerzen? Wir selbst sind es ...

Wenn wir aber alle Prozesse, die uns geschehen, als Geschenke annehmen, nehmen wir auch uns ganz an, dann sind wir dem Leben gegenüber dankbar und können loslassen, der Existenz vertrauen. Hierin sehe ich den tiefsten Sinn der Reinkarnationstherapie. Durch Annehmen und Loslassen wird unser Leben heilsam. In den Sitzungen und beim Lesen dieses Buchs soll, das wünsche ich mir, ein Ja zur Existenz in allen ihren Formen entstehen. Unser weiser innerer Führer kennt dieses Ja, sonst könnte er uns nicht immer wieder von der Wiege bis zur Bahre und darüber hinaus zum Guten, Einfachen, Wunderbaren führen, das er hinter den äußeren Formen wahrnimmt. Er versucht andauernd, uns aus unseren Ängsten, Problemen und Abhängigkeiten zu befreien, und er hat die Kraft dazu, wenn wir es ihm erlauben. Um diese innere heilsame Kraft, die aus einer insgesamt heilsamen Existenz entspringt, geht es, sie ist der höchste positive Sinn unseres Lebens ...

Heilung von innen

Auch in der wissenschaftlichen Medizin versucht man, sich mit den inneren Kräften zu verbünden, um sie für Heilerfolge nutzbar zu machen. C.G. Jung erzählt von einem Fall, der ihn am Anfang seiner Laufbahn sehr beeinflußte. Als junger Arzt wagte er etwas völlig Neues. Eine junge Frau in seiner Abteilung war als schizophren eingewiesen worden, erhielt Narkotika gegen Schlaflosigkeit und wurde wegen Selbstmordverdacht überwacht. Durch Traumarbeit und Assoziationsgespräche fand Jung heraus, daß die Frau es aus einer gewissen Lethargie (verschmähte Liebe) heraus geduldet hatte, daß ihre kleine Tochter unsauberes Wasser aus einem Fluß trank, wonach diese an Typhus starb. Jung rang sich zu einem Experiment durch. Er sagte ihr auf den Kopf zu, daß sie sich wohl als Mörderin ihres Kindes fühle. Dann berichtet er: "Es war sehr tragisch für die Patientin, es zu hören und anzunehmen. Aber der Effekt war, daß sie vierzehn Tage später entlassen werden konnte und nie wieder in eine Anstalt kam." Seine Erklärung ist die, daß viele Menschen eine Geschichte, ein Geheimnis in sich tragen, an dem sie zerbrechen. Aber dieses Geheimnis enthält den Schlüssel zu ihrer Behandlung. Diese Behandlung "muß den ganzen Menschen treffen und nicht nur sein Symptom." Eine andere Frau, die seit siebzehn Jahren an Krücken gegangen war, ließ sich in einer Demonstration vor Studenten von ihm heilen. Es stellte sich heraus, sie sah in Jung das, was ihr eigener Sohn nicht geworden war: einen großen Arzt! Also ließ sie Jung das an sich tun, was ihr Sohn nicht an anderen Menschen tun konnte, worunter sie aber litt ...

Es ist das Verdienst von Pionieren wie Jung und Freud, das für unsere Gesellschaft wiederentdeckt zu haben, was wohl jeder Medizinmann und Heiler auf der ganzen Welt offen oder intuitiv weiß: in jeder Krankheit, in jedem Leid ist eine Art Selbstbeteiligung vorhanden, die auf eine oft nicht bewußte Verantwortung des Leidenden zurückgeht. Wir leiden an uns, die Krankheit ist Ausdruck dieses Leids. Wird unser Weg ungerade, dann leben wir gegen uns selbst, dann lügen wir gegen unsere innere Wahrheit und werden krank. (Und diese innere Wahrheit ist wie eine Master-Cassette, wir können innerhalb ihres Programms individuell arbeiten, aber sie selbst können wir nicht überschreiben oder verändern, unser innerer Führer läßt sich nicht austricksen.) Ich möchte dazu von einer Heilung berichten, die ich mir selbst zugute kommen ließ. Vor ein paar Jahren hatte ich eine respektable Lungenentzündung. Ich begann eine konventionelle Behandlung mit einem Arzt, der mir Schatten auf dem Röntgenschirm zeigte und Antibiotika verordnete, doch nach zwei Tagen war mir klar, daß sich dadurch nichts verbesserte. Also mußte ich mich selbst befragen, warum ich mir diese Krankheit zugezogen hatte, und ich kam zu dem nicht sehr schmeichelhaften Ergebnis: Selbstüberschätzung, Eitelkeit, Überarbeitung, Selbstausbeutung. Dann tat ich einfach, was ich schon länger gerne tun wollte. Ich ließ mich in eine hochgelegene Hütte im Südschwarzwald bringen, setzte alle Medikamente ab, ruhte aus, fand wieder zu mir und nach einer Woche war der Spuk - eine doch ernsthafte Krankheit, ich konnte kaum noch laufen - wie weggeblasen. Meine Arbeit konnte ich nun freudig und mutig als ich selbst weiterführen und nicht mehr als das gehetzte Wesen, zu dem ich mich zuvor gemacht hatte. Diese Art der Selbstbehandlung möchte ich allerdings nicht generell zur Nachahmung empfehlen, denn ich litt nur an mir selbst, nicht an äußeren Umständen.

Wenn wir nun weiter von Krankheit sprechen, verstehe ich darunter ähnlich selbstverursachte Leiden, die dadurch geheilt werden können, daß man die Verantwortung für sie übernimmt. Wenn man körperliche Schmerzen (durch Rheuma, Arthrose etc.), sowie Leid, Nervosität, Depression als selbstverursacht erkennen kann, können sie durch ehrliche Selbsterkenntnis, die auch mit Vertrauen an den inneren Führer oder das Höhere Selbst einhergeht, geheilt werden.(Hier sei nochmals eindeutig vor der Tendenz gewarnt, sich nun für alles verantwortlich zu machen, das einem zustößt. Feuchte, kalte Wohnungen, mangelnde Hygiene, Umweltbelastungen am Arbeitsplatz, ein gehässiger Chef können rein mechanisch die Gesundheit untergraben.) Wir wollen hier nur Entwicklungen betrachten, bei denen eine Entfremdung vom Selbst und damit ein Verlust an Urvertrauen vorliegt.

Betrachten wir Neurosen, Ängste, Komplexe und Krankheiten als dynamische Geschehen, so sieht man, daß sie seelische Widerstände sind, in denen sich jemand befindet. Diese richten sich z.B. gegen Autorität, Leistungsdruck, Angeschautwerden usw. Auch die Ablehnung bestimmter Eigenschaften, die man sich zuspricht, kann krank machen. Wenn diese neurotischen Widerstände aus früheren Leben stammen, ist es hilfreich, ihre Entstehung wiederzuerleben. Dann werden Energien freigesetzt, die den Erlebenden gegenüber alten Verkrampfungen "unbefangen" werden lassen. Denn mit der Zeit hat man sich meist eingebildet, durch Negativität, Widerstände etc. 'bekommt' man etwas und wird bestätigt. Gedankenenergien können so zur fixen Idee oder Sucht werden, die man ungern aufgibt. Doch wenn sich diese Widerstände durch bessere Erfahrungen in der Therapie als gegenstandslos erweisen, sind die Klienten selbst erstaunt, wie losgelöst sie mit bisherigen Ängsten umgehen können. Sie wissen jetzt, wo sie entstanden sind und hingehören - in die Vergangenheit, wo sie einst als Verletzungen begannen. Eine Frau berichtet, sie habe über ihre Erlebnisse während einer Sitzung nachgedacht, und plötzlich wußte sie, eine nachts wiederholt auftretende Panik war für immer weg, wie sie zuvor gewußt hatte, daß die Panik jederzeit ausbrechen konnte. Wiedererleben heißt überleben, wir haben alles schon so oft erlebt und überlebt!

Doch zusätzlich zu diesem therapeutischen Aspekt, der sich auf einzelne Punkte bezieht, sehe ich eine weitere Wirkung der in den Sitzungen erlebten Geschehnisse als noch wichtiger an: die automatisch sich vollziehende Integration der früheren Leben in das Gesamtbewußtsein. Wenn Klienten von ihrem verbesserten Befinden nach ihren Sitzungen erzählen, gehen ihre Aussagen in eine ganzheitliche Richtung. Sie erfahren: entweder das ganze Leben ist Therapie, oder gar nichts. Entweder ist unser Leben so angelegt, daß es hilfreich, gut und aufbauend ist, dann ist das Leben selbst "therapeutisch", oder es ist uns feindlich gesinnt und böse, dann fühlt man sich unwohl und wird auf die Dauer krank. Lebenserwartung ist kein statistischer Begriff, man ist so gesund oder krank, je nachdem wie viel oder wie wenig Positives man vom Leben noch erwartet! Ist unser Leben im Innersten gut, dann ist es Therapie, dies zu spüren. Es geht also um eine innere Weiterentwicklung in einen um die Dimension früherer Leben erweiterten, ausgeglichenen seelischen Zustand. Mich freut es natürlich, wenn im Verlauf von Sitzungen Ängste und andere "Symptome" abgebaut oder stark gemildert werden. Aber ich freue mich genauso darüber, ein schönes, glücklich motiviertes früheres Leben erinnerlich zu machen, was dazu verhelfen kann, ein heutiges gutes Lebensgefühl "nur" noch ein bißchen besser werden zu lassen. Man kann sich gar nicht wohl genug fühlen. Jedes "besser" ist der Mühe wert, es zu erreichen ...

Doch wenn der Laie die gängigen Bücher über Reinkarnationstherapie liest, so scheint diese Methode nur für Notfälle und Menschen mit großem seelischen Leidensdruck dazusein, denen keine andere Therapie helfen konnte. Die Fälle lesen sich wie ein Gruselkabinett, die spektakulärsten werden zu Starbeispielen der Reinkarnationstherapie und wieder und wieder abgeschrieben. Kein Wunder, daß man frühere Leben nur wie eine bittere Medizin erleben will, die man nur dann schluckt, wenn man sie absolut nötig hat. Es ist eine "diesseitige" Nutzung, die hier betrieben wird. Probleme, die wir alle, auch die "Normalen", mit der Tatsache unserer Sterblichkeit und des damit verbundenen Weltverlustes haben, werden nicht berührt. Unsere innere Verletztheit an der scheinbar ungerechten Welt, unsere daraus resultierenden Widerstände sind nicht sensationell genug, um wirklich erkannt und ernstgenommen zu werden. Doch gerade sie können durch das Erleben früherer Existenzen neu erklärt werden und zu einem verbesserten Selbst-Bewußtsein führen. Wie wir leben, uns in unseren Handlungen zur Welt bringen, so werden wir täglich neu geboren. Unsere seelischen Muster verwirklichen sich, indem sie sich wieder und wieder in die Welt einbringen. Und wir dürfen uns in diesem Prozeß geborgen fühlen, uns ihm anvertrauen. Die Rückführung erschließt Schichten, die tiefer liegen als unser dualistisches Denken. Die weiter folgenden Beispiele von (Selbst)-Heilung zeigen, wie wir die Welt auch immer auf einer ganz anderen, einer seelischen und symbolischen Ebene erleben. Das oberflächliche feste Ich (das 'Gute' will ich, das 'Schlechte' nicht) wird zugunsten tieferer Einsichten verlassen und zum Vorschein kommt unser tieferes Selbst. Es ist das ursprüngliche Wesen in uns, das tiefe Weisheit verkörpert. Dieses Wesen bedingt die seelische Form unseres Lebens.

Aus dieser ganzheitlichen Sicht heraus will ich den alleine auf Symptome zielenden Ansatz nicht ablehnen, er wurde bislang jedoch zu einseitig herausgestellt. Wenn man nur zum Hauptproblem zurückgeht, weiß ein Klient zwar, daß er im siebzehnten Jahrhundert in einer Gerichtsverhandlung verurteilt wurde, sich sehr dabei geschämt hat, weswegen er heute Schwierigkeiten hat, anderen Menschen in die Augen zu sehen. Aber welcher Art ist sein Eindruck von sich, wenn er sich "nur" als diesen Unfall aus dem x-ten Jahrhundert erfahren soll? Außerdem sehe ich in diesem Vorgehen einen wichtigen spirituellen Grundsatz verletzt, den ich mir frei nach Gurdjieff erworben habe: immer zu prüfen, ob man auf etwas Negatives oder auf etwas Positives hin handelt. Macht man das Negative (Krankheit, Alpträume, Ängste) zur Leitlinie der Reinkarnationstherapie, landet man unweigerlich immer nur bei Mord und Totschlag. Lasse ich zu, was kommen will, hat der innere Heiler selbst die Gelegenheit, nach seinen Bedürfnissen aktiv zu werden. Aus diesem Grund bevorzuge ich es, Sitzungen frei durchzuführen. Erst dann läßt sich über mehrere Lebensläufe hinweg ein Eindruck von der Wichtigkeit und Bedeutung jeder Existenz vermitteln. Meine Klienten sind nicht nur die Höhenangst, die nächtliche Panik, die Verklemmte, der Waschzwang oder der Juckreiz, wie der Chirurg von seinen Blinddärmen und Beckenbrüchen spricht. Ich habe das Gefühl, dieses Isolieren der Probleme vom Menschen macht uns auf eine subtile Weise wieder krank. Es suggeriert Machbarkeit und erzeugt Erfolgsdruck, der Mensch wird zum Einzelkämpfer gegen 'sein' Problem, das er wiederum selbst macht ...

Die traditionelle Psychotherapie scheint sich damit zufrieden zu geben, wenn jemand wieder funktioniert. Es reicht dann schon, wenn sich jemand bei der Befriedigung seiner Basisbedürfnisse nicht mehr selbst blockiert. Die Dienstleistung ist erbracht, der Nächste bitte ... Was man dabei übersieht, ist dies: Die Seele als solche ist nicht therapierbar, die seelische Integration ist nicht Teil eines Leistungspaketes. Wer über Heilungen nach erfolgreicher Psychotherapie nachliest, erhält eigentlich nur Zwischenzustände vorgelegt. Jemand hat geheiratet, ißt wieder normal, hat eine Sucht beendet, eine Prüfung ohne Angst bestanden, arbeitet wieder, Therapeut sei Dank, aber wie geht es weiter? Die Frau, die sich wieder unter Menschen traut, was macht sie dann? Jemand ist repariert, saniert, die Symptome sind weg, ist das schon alles? Das Ganze nennt sich doch Seelenheilkunde, Psychotherapie? Jemand ist normal, ist das bereits ein seelisch heiler Zustand? Ich möchte schon, daß die Menschen in meinen Sitzungen spüren, was es wirklich heißt, geistig zu leben, mehrere, ja viele Leben zu haben, um dadurch zu einer neuen, bewußteren Einstellung zu sich zu gelangen.

Dazu ein Beispiel, wie ein Reinkarnationserlebnis spontan auf körperlich-seelische Strukturen wirkt: Eine Frau, mit der ich in Indien arbeitete, erlebte sich in einem Leben in Ägypten. Ein paar Tage später erzählte sie mir, sie sei in einem Cafe gesessen, da sei spontan ein komplettes, sehr weit zurückliegendes früheres Leben in ihr abgelaufen. Sie erlebte sich als Mann, der auf einem Jagdausflug in eine Pfütze gestürzt war, ihre Beine waren dabei verletzt worden, danach führte sie ein Leben als Behinderter, konnte nicht heiraten etc. Und dann berichtete sie von einer Auswirkung dieser spontanen Erfahrung auf ein heutiges körperliches Leiden: in diesem Leben habe sie schon immer Probleme (Krampfadern, Operationen) mit ihren Beinen gehabt, jetzt sprächen diese besser auf eine Behandlung an. Interessanterweise war sie zuvor in eine Pfütze getreten, hatte einen Schmerz gespürt, ohne daß etwas ihn hätte verursachen können, danach sei dieses frühere Leben gekommen, das sich einfach in ihr hochdrängte und seine heilende Botschaft loswerden wollte. Ihre Beine fühlten sich nun von innen her tatsächlich anders an, wie "angesprochen". Ein Heilungsprozeß hat eingesetzt, der sich selbst will, ein praktisches Beispiel für den Satz: der innere Helfer heilt, nicht der Heiler, auch nicht die Methode.

Somit ist verständlich: die eigentliche Heilung geschieht von innen, nicht äußerlich, vom Therapeuten (Medikament) her. Sie geschieht durch Kontakt mit dem inneren Führer, der Seele, dem Höheren Selbst, wie immer man dieses Eigentliche nennen will. Sie ist nicht objektiv meßbar, aber subjektiv spürbar. Genauer gesagt wird die Person in Bezug auf die Krankheit erst geweckt, die Krankheit bestand in einer verpanzerten Abkapselung. Anklagend sagte man sich: "Ich bin krank, gehemmt, zu dick usw.", statt sich mit dem Prozeß auseinanderzusetzen: "Ich erlebe Kranksein, Gehemmtsein oder Dicksein." So widersetzte man sich den seelischen Heilkräften. Jesus betonte, daß alle von ihm Geheilten dies selbst getan hätten ("Dein Glaube hat dich geheilt"), denn in seiner Anwesenheit wurden die Menschen innerlich so berührt, daß sie einen neuen Zugang zu sich fanden. Sie wachten zu sich auf. Geistheilungen geschehen ebenfalls durch den eigenen inneren Geist, die positiven Energien des Heilers wirken wie ein Katalysator, aber sie heilen nicht ursächlich von sich aus wie ein Fremdkörper, ein Medikament etwa, das Keime tötet. Bei den Rückführungen handelt es sich um eine eindeutig innere Heilweise. Die Rückführung ist eine Lenkung des Bewußtseins in eine heilende Zeit und zu den Kräften, die wir aus dieser Zeit verinnerlicht haben.

Die drei Heilphasen

Wer sein Bewußtsein (zeitlich, räumlich, nach innen, außen) lenken lernt, kann sich heilen. Im Yoga-System des Patanjali werden drei Bewußtseinsphasen dargestellt, von denen die dritte die im obigen Sinn Heilende ist:

Erste Phase: Das Hinlenken des Bewußtseins etwa auf einen Körperteil. (In der Rückführung: Zurückgehen, Auffinden eines bedeutsamen Ereignisses.)
Zweite Phase: Das Anhalten des Bewußtseins hier im bewußt gemachten Körperteil. (In der Rückführung: Erleben des Ereignisses.)
Dritte Phase: Verweilen des Bewußtseins im Körperteil, ohne daß etwas aktiv getan wird, etwa Lauschen auf das Echo der ersten beiden Phasen. (In der Rückführung: Nachwirken der Erlebnisse auf der Heimfahrt, zu Hause beim Einschlafen, Integration in das Gesamtbewußtsein.)

In der dritten Phase findet eigentlich 'nichts' statt, aber sie ist die Phase der Heilung. Das Bewußtsein ist um das Problem erweitert, nimmt sich des Problems an. Dann wird mir berichtet: "Ich habe nicht mehr an meine Beschwerden gedacht, es ist mir dann plötzlich aufgefallen, daß sie weg waren." Die Klienten bemerken dies eher zufällig erst nach der Besserung. Man sollte sich daher zu Beginn einer Reinkarnationstherapie merken, wie man sich fühlt, eventuelle spätere Verbesserungen sind so selbstverständlich, daß man meint, so sei es schon immer gewesen ...

Heilung als phantastischer Prozeß

Die in uns wohnenden heilenden Kräfte übersteigen die begrenzte Sichtweise unseres aktiven logischen Verstandes. Während C. G. Jung von seinen anfangs geschilderten Heilerfolgen fast peinlich berührt war, ("ich mußte trotz meiner Skepsis die Tatsache ihrer Heilung hinnehmen"), wird die heilende Rolle der geistigen Kräfte im Menschen heute immer besser akzeptiert. Man muß einfach wieder den Kontakt zu sich finden! In guten psychosomatischen Kliniken werden Patienten heute dazu aufgefordert, mit kranken Körperteilen Zwiesprache aufzunehmen, sie sich dabei als Tiere oder Pflanzen vorzustellen, mit denen man Freundschaft schließen kann. Und es hilft!

Auch in den Rückführungen kommen 'paranormale' Inhalte zutage, die ich einfach akzeptiere und auch schätze. Es können Tierinkarnationen sein, oder jemand stieg zu Anbeginn seiner irdischen Existenz aus einem Ufo, zwischen den Inkarnationen sind Weltraumreisen möglich, Klienten erlebten sich als und mit Lichtgestalten, auch auf anderen Planeten. Wenn ich sehe, daß solche Erfahrungen im ganz normalen Rahmen früherer Leben gemacht werden, lasse ich sie gerne zu. Gerade wenn man zu seinem inneren Licht findet, ist dies eine heilende Erfahrung. Wir sind Prometheus und tragen das göttliche Licht in uns!

Ich möchte nun von zwei sehr tiefgehenden Heilvorgängen berichten, bei dem ich mich außerstande sehe, Abgrenzungen zwischen real und irreal vorzunehmen. Was wirksam ist, ist auch wirklich, das gilt für jede Art von bildhaften Vorstellungen - und andere haben wir nicht.(Vgl. Schopenhauers Titel: Die Welt als Wille und Vorstellung.) Der Klient ist um die dreißig Jahre, hat Anpassungsprobleme an die Normalität (Prüfungsabbruch), möchte einfach sehen, was mit ihm in früheren Leben geschah. In den ersten Sitzungen sieht er sich ausschließlich als Opfer grausamer Taten, doch dann kommt der Umschwung, er nimmt eine Linie auf, in der er plötzlich mehrere Inkarnationen als Täter hat: "Ich grabe mit Pfoten, dann laufe ich durch einen Wald mit grünen Blättern, es ist warm, da ist ein Berg wie der Fujijama im Hintergrund ... ich habe einen langen Hals, mein Kopf ist ganz oben, es ist ein fröhliches Gefühl, so zu laufen, jetzt kommt ein anderer (Saurier) auf zwei Beinen mit riesigen Zähnen und Drohgebärden, ich liege unter ihm, dann ist alles schwarz ..." Er findet sich wieder in einer antiken Arena, erschlägt einen Gegner, bei jedem Zustechen jubelt das Publikum und erhebt sich, er hat lange blonde Haare und wird frenetisch gefeiert. Danach erhält er einen Siegespreis von einem alten Herrscher, den er später von sich abhängig macht und unterdrückt. Dann erlebt er sich als äußerst gewalttätiger riesiger Mensch auf einer Burg, er tyrannisiert seine Untertanen, peitscht und schlägt "wie irrsinnig", tritt, ist jähzornig, "brüllt wie ein Stier", reißt seiner weinenden Frau die Kleider vom Leib. Bei allem will er dennoch geliebt werden, aber er hat sich für die Macht entschieden, die er voll genießt. Die folgende Sitzung beginnt mit einem Tod. Er sieht sich als Krieger mit Schwert, trägt eine Rüstung und erlebt dann das charakteristische Hochschweben, er fliegt wie ein Vogel steil nach oben, fühlt sich dort wie 'atomisiert'. "Ich bin wie Licht, gehe richtig im Sonnenlicht auf, als ob ich ein Stück davon wäre ... werde gewirbelt, das macht Spaß. Jetzt spüre ich einen konkreten Körper, spüre ihn und mich im Licht, spüre beides ... schwebe, stehe dann wieder, wenn ich mich entscheide, bremst mich das. Ich will nicht wieder auf die Erde, sehe, was ich sein soll, es ist der böse Herzog, alles wehrt sich in mir, ich stemme mich dagegen, ich schaff's nicht - er ist so brutal, jetzt kommt er in mich hinein, füllt meinen Glaskörper aus, ich lebe, sehe die Burg ..."(Ich spüre, jetzt verliert er sich wieder in dieser grausamen Realität als Tyrann und schlage vor, nachdem der Klient gerade so sensibilisiert für das Zwischenreich von Gut und Böse war, er solle dahin zurückgehen, wo das Böse angefangen hat. Ein bißchen fühle ich mich dabei wie Jung, der seiner Klientin sagte: Akzeptieren Sie das Böse!) Er sieht sich sogleich wieder als den Saurier: "Ich bin besiegt ... das Riesentier imponiert mir, wie es sich über mir aufrichtet und triumphiert. Es sieht majestätisch aus mit seinem Gebiß, es ist häßlich. Ich bin ein Nichts, am Boden zertreten, jetzt frißt es mich auf ... Es brüllt, daß die Bäume zittern, es verschlingt mich. (Später wird er als Gladiator und Herzog die Siegesposen und das Böse des Sauriers nachvollziehen ...) Ich fahre in meinen Lichtkörper hinein, bin böse und im Bösen das Gute, ich spüre, wie ich seine schwarze und meine grüne Haut habe ... Jetzt bin ich wieder im Licht ..." Nun folgt eine wunderbare Auflösung der ganzen Energien in einer Welttotalen, die phantastisch und gerade deswegen sehr real in ihrer Symbolik ist: "Ich sehe mich als Kreis, wie einen Teller vor einem Licht, darauf sind viele kleine Körper, wie auf einem Schachbrett ... das sind alle meine Leben. Die Scheibe weitet sich aus, nimmt alle Figuren auf. Im Innern erscheint das Bild des Herzogs. Jetzt spüre ich Sympathie für ihn, er bekommt auch feinere Züge, es wechselt, dann ist er wieder böse. Jetzt ist da der Körper einer Frau, sie wird zum Fluß, wie zum Fluß des Lebens. Er fließt vorüber, ist unendlich, Bilder schwimmen im Fluß, irrsinnig viele Bilder, alles Porträts, er fließt in eine weiße Rose, die sich zu einem Kelch wandelt, sie schließt sich, wird zur Kugel, einer Lichtkugel, all dies geschieht auf dem Teller, auf ihm breiten sich immer größere Kreise aus, am Rand sehe ich den Bischof, Soldaten, werde geviertteilt, (dies geschah wirklich einige Sitzungen davor), es geschieht außerhalb von mir, am Rand der Scheibe laufen die

Leben ab, die Scheibe dreht sich schneller und schneller, die Schatten verändern sich, Hell und Dunkel gehen ineinander, im Hintergrund die Weltsonne, sie hat Anteil an der Scheibe, die Scheibe ragt in die Sonne hinein, die Kreise drehen sich mit, die Sonne ist wie ein Kreis mit der Scheibe davor, diese Scheibe bin ich ... Jetzt hat eine Person die Scheibe in der Hand, es ist der Herzog. Er sieht viel besser aus, jugendlich, strahlt Güte aus ... Ich erkenne: Das Licht ist wichtiger als die Form ... Ich bin ein Kind des Lichts ..."
Der Klient legt sich erleichtert und glücklich zurück, ich lasse ihn diese Erfahrung in Ruhe ausleben.

Für den Klienten hatten die Sitzungen die Konsequenz, daß seine Schuppenflechte, (ein nässendes Ekzem) deretwegen er immer Halstücher tragen mußte, auf die Sitzungen (insgesamt fünf) ansprach und stark zurückging. Nach zwei Monaten berichtet er: "Innerlich ist viel geschehen, meine Prioritäten haben sich verändert, ich bin zufriedener. Mein Ekzem bin ich fast los, ein Rest ist noch da, und es geht von alleine weiter zurück. Ich war mit einer medikamentösen Behandlung auch schon einmal so weit, aber jetzt habe ich das Gefühl, ich selbst befreie mich von der Flechte. Sie hat mir etwas zu sagen." Es zeigt sich, daß er (katholische Erziehung) sich wegen seiner cholerischen Ausbrüche und seinem unkontrollierten Jähzorn haßte. Nun weiß er, daß die 'Täterrolle', die durch den Herzog verkörpert wird, nicht seine persönliche Boshaftigkeit ist, er hat sie von viel früher geerbt ... Somit kann er sein Schuldgefühl ("es war immer 'mea culpa'", sagte er) aufgeben. Jetzt ist es ganz weg. "Das alles gehört zu mir, das kann ich jetzt ganz tief in mir spüren und akzeptieren. Ich will mich auch nicht mehr persönlich dafür verantwortlich machen und bestrafen."

Man könnte nun theoretisch weitergehen, die Symbolik des "bösen" Tyrannosauriers, der ihn so beeindruckte (er spürte dessen schwarze und die eigene grüne Haut ganz deutlich) und die Selbstbestrafung mittels Schuppenflechte analysieren, aber wozu? Wenn sich das Selbstgefühl bessert, geschieht die Gesundung von ganz alleine, selbstgewollt von innen heraus. Der Klient hat das vermeintlich 'Böse' in sein überpersönliches Höheres Selbst integriert und fühlt sich jetzt besser. Das genügt. Aus geistiger (überpersönlicher) Sicht geschieht auch nie etwas wirklich Böses, aber diese Einsicht lernt man am besten praktisch in der Reinkarnationstherapie durch Konfrontation mit den eigenen dunklen Stellen ...

Sitzungen, in denen ein Klient eine Gesamtsicht seiner Inkarnationen hat, sind natürlich nicht allzu häufig, aber wenn sie geschehen, weiß man sofort Bescheid: All diese Bilder, Menschen, Gefühle bin ich ... Immer wieder geschieht es, öfter als man denkt, auch in Gruppensitzungen, daß jemand ganz viele Gesichter nacheinander oder bildhaft statisch angeordnet sieht, ein wunderbares Erlebnis. Auch ich kann aus eigener Erfahrung davon berichten. Als ich das Bauernhaus, in dem ich heute arbeite, fertig hatte, legte ich mich im Sitzungsraum hin, dachte an meine früheren Leben, und da ging es los! Etwa zwei Stunden lang spulte sich Leben auf Leben in mir ab, ich kam kaum mit dem Spüren mit, konnte nur ahnen, das ist jetzt ein Mann, das eine Frau, dazu blitzartige Botschaften, die ich intuitiv verstand, alt, glücklich, erfüllt, es war, wie wenn eine Uhrenfeder, die unter Druck zusammengerollt ist, sich plötzlich entwindet. Irgendwie raste die ganze Inkarnationskraft los, als ich 'durch' war, fühlte ich mich absolut entspannt und voller Vertrauen, erschöpft und glücklich. Meiner Schätzung nach (Zeitdauer und Dauer der einzelnen Leben) waren es wohl über tausend Leben ... Eine Klientin hatte einen Inkarnationsreigen, bei dem sie sich anfänglich als ruhig unbelebtes Riesenkristall spürte, dann kamen die Leben, am Ende war sie wieder das Riesenkristall, diesmal ganz erfüllt mit allem Erleben, allen Energien aller Leben, die in ihr vibrierten und sich zu einem wissenden Muster verbanden. Ich kann nur sagen, Vertrauen in die Abläufe ist ganz wichtig, und ich bin damit noch nie enttäuscht worden. Dennoch fühlt man sich versucht, das Glaubhafte vom Phantastischen zu trennen, aber es geht perfekt ineinander über.

In einem anderen Prozeß heilte sich eine Klientin an drei Wochenenden und ca. 5 Einzelsitzungen von einem sehr schmerzhaften Zustand, den sie so beschreibt: "Ich hatte seit zehn Jahren konstant Rückenschmerzen, diese gehörten zu meinem Leben. Nach der Gartenarbeit wußte ich manchmal nicht, wie ich ins Haus zurückgelangen sollte, es ging dann fast nur auf allen Vieren ... Morgens konnte ich mich kaum selbst ankleiden, dazu benötigte ich meist zwei Stunden mit fast unerträglichen Rückenschmerzen. Als Diagnose wurde mir gesagt, drei untere Wirbel seien verschoben, dadurch käme es zu Reibung und Verspannungen." Ihren heutigen Zustand (sie ist 44 Jahre alt) beschreibt sie so: "Ich bin jetzt absolut problemlos, es ging alles so natürlich. Zuerst fiel mir nach Tagen eher zufällig auf, daß meine Schmerzen weg waren. Ich habe das einfach akzeptiert. Und ich schone mich auch nicht. In meinem neuen Zustand trage ich schwere Sachen, was vorher undenkbar war. Einmal waren es insgesamt zweieinhalb Tonnen Platten aus dem ersten Stock eines Hauses. Ich fühle keine Belastung mehr. Der Heilerfolg hat jetzt sechs Monate angehalten, obwohl ich mich jetzt manchmal extrem belaste ..."

Ich möchte mit ihrer Hilfe genauer darauf eingehen, worin dieser Heilerfolg beruht. Sie hatte mehrere Lichterlebnisse, seitdem spürt sie, daß ihre Körperzellen mit einer neuen Energie angefüllt sind. In den Rückführungen sah sie zuerst Menschen(mengen), von denen sie sich zunächst isoliert und abseits fühlte, dann wandelten sich die Ereignisse, nun konnte sie in den Menschen liebend aufgehen und ein wohlig-geborgenes Gefühl entwickeln. Bei einer späteren Tarotbefragung kam als Vergangenheitseinfluß die Karte V der Stäbe, zu der sie zunächst überhaupt keinen Bezug herstellen konnte, bis sie sich dann als isolierte Zuschauerin bei den Kampfspielen junger Menschen akzeptieren konnte. In den weiteren Sitzungen sah und spürte sie sich wiederholt als Embryo, sah regelmäßig ihre Zeugung in tiefblauer Farbe und hatte viele sehr intensive Gefühle aus verschiedenen früheren Leben. ("Einmal verdurstete ich. Ich spürte das so genau, ich hätte meine Seele für einen Schluck Wasser gegeben ...")

Und heute? Sie sagt: "Tatsache für mich ist, daß ich geheilt bin, wenn ich es auch nicht erklären kann. Ich sehe alles anders, reagiere auch anders." Sie kann sehr bewußt beschreiben, was ihr geschah. Was in diesem Buch zuvor Höheres Selbst genannt wurde, nennt sie in ihrer Erfahrung 'Es'. Sie berichtet: "Da ist ein 'Es', das in mein Leben als machtvolle neue Wirklichkeit eingebrochen ist. Es möchte mich mehr und mehr erfüllen. Ich bin sehr dankbar, daß ich so meinen Lebensgrund als kostbaren Schatz entdecken darf. Das ist ein wunderbarer Vorgang, der mir Klarblick auf eine neue Wirklichkeit schenkt. Ich spüre das wie eine Kernumwandlung in mir, als eine völlig neue Art von Weltliebe, in der Einswerdung geschieht. Zuvor kannte ich nur Isolation von anderen Menschen, Angst und Verkrampfung. Dieses 'Es' zeigt mir das Wesen aller Dinge. Im Licht dieses Bewußtseins sind Dinge aufgetaucht, um die ich mich jahrelang gequält habe. Ich fühle mich jetzt eins mit meinem Körper, fühle jeden Teil lebendig und zu mir gehörig. Dabei bin ich von einer wunderbaren Energie durchpulst, und dies vermittelt mir ein andauerndes Glücksgefühl. Ich habe auch nicht mehr das Gefühl, nicht verstanden zu werden, sondern möchte jetzt selbst verstehen, indem ich mich als Teil des Ganzen fühle. Es ist soviel passiert, daß ich damit fast ein Buch füllen könnte. Eine Transformation stand an, nicht so, daß man etwas verändert, wie wenn man einen Stein zerschlägt und neu zusammensetzt, sondern aus mir ist wie aus diesem Stein eine lebendige Blume geworden, all das habe ich in jeder Zelle ganz deutlich gespürt ..."

Wenn man diese beiden Heilvorgänge vergleicht, kommt man zu dem Schluß, daß viele Krankheiten auf einem falschen Selbstbild beruhen. Ein Mensch ist nicht in Harmonie mit sich und der Umwelt, weil er keine gute Beziehung zu sich selbst hat. Aus diesem Konflikt entstehen Schuldgefühle, Befangenheiten, Ängste, Verkrampfungen. Doch da man sich diese selbst macht, kann man nur vom eigenen 'Überselbst' von ihnen erlöst und geheilt werden.

Gesundheit, Glück und Unsterblichkeit durch Einklang mit dem Höheren Selbst

Ich möchte zusammenfassen: Die Reinkarnationstherapie heilt, indem sie den Übenden zu der Erkenntnis verhilft, daß sie ihre Welt bewußt und verantwortlich gestalten. Dies führt zu einer veränderten, aktiven Einstellung zu den Tatsachen des Lebens, zu Tod, Geburt, Familie usw. Nach den Sitzungen spüren die Klienten sich mehr, ihr Selbstbild tritt besser und deutlicher hervor. Sie können ihr Leben mit mehr intuitiver Einsicht weiterführen.

Doch warum war ihnen das zuvor weniger gut möglich? Fangen wir noch einmal ganz von vorne an:

Die ursprüngliche genetische Harmonie

Unsere vielen Leben sind ein zusammenhängender Lernprozeß, in dem wir uns von animalischer Einfachheit über die Zwischenstufe eines individuellen, gespaltenen Bewußtseins zu universellem Bewußtsein entwickeln. Mit manchen Klienten ging ich bis in eine Tier-, Pflanzen- oder Mineral-Inkarnation zurück. Sie waren völlig überrascht von den sehr schönen und guten Gefühlen, die sie dabei hatten. "So etwas kennt man als Mensch nicht," sagte eine Klientin, die sich als Raubvogel erlebte. Ein "Bär" berichtete, er habe mit dem ganzen Körper gelebt, die Ruhe, Stärke und Furchtlosigkeit dieser Existenz seien enorm gewesen. Ein "Krake" beschrieb das damalige Zeitgefühl so, daß immer nur die momentanen Gefühle (Lust, Wut, Neugier) da waren, es war nicht möglich, über den Moment hinaus zu reagieren. Ein "Fisch" wußte instinktsicher (angeborenes Verhalten), welche Nahrung er benötigte, wie und wo er sie fand, er war eins mit seinen Handlungen. Er lebte harmonisch und genußvoll in der Pracht seines Korallenriffs. Aus dieser Verbundenheit mit der Welt sind wir Menschen jedoch herausgetreten. Wir können aber wieder an sie anknüpfen, wenn wir in der Rückführung ganz weit zurückgehen. Jedoch fehlte diesen Inkarnationen das individuelle Bewußtsein, das wir Menschen bereits mit auf die Welt bringen (siehe Kapitel Geburt in der Rückführung). Wir sind einen Schritt weitergegangen.

Die Abspaltung von der ursprünglichen Harmonie

Während Tiere noch von ihren genetisch verankerten Instinkten gesteuert werden, verließ unser Bewußtsein dieses ursprüngliche, animalisch-einfache Paradies. Im Moment, in dem wir etwas genießen, können wir gleichzeitig ein ungutes Gefühl haben, wenn wir zum Beispiel aus früheren Leben ein entsprechendes Signal mitgebracht haben. (Das kann nicht gutgehen, mein Partner kann mich verlassen.) Mit unserem individuellen Instrumentarium zur Lebensbewältigung (Projektionen, z.B. Hoffnungen, Erwartungen, Ängste) sind wir so von einer ursprünglich animalisch-einfachen Wirklichkeit abgespalten. Haben wir aus früheren Leben ein gutes Karma mitgebracht, sind unsere Projektionen optimistisch und kraftvoll, Negatives aus früheren Leben kann niederdrücken. Dann haben wir alles und fühlen uns dennoch unglücklich. Wir sind auf das Rad der Wiedergeburt geflochten. Tun wir in diesem Leben

Böses, bewirkt dies im nächsten Leben Ängste, man könnte Opfer ähnlicher Taten werden. So sind wir zum individuellen Lernen gezwungen. Wir müssen letztlich in jedem Moment entscheiden, was wir tun, und die Folgen über Leben hinweg tragen. Oft zweifeln wir, ob die gewählte Reaktion auch wirklich richtig und gut war. Dadurch entsteht Unsicherheit. Doch wenn wir innerlich gesunden wollen, sollten wir uns von der Polarität "gut, richtig, friedfertig" gegenüber "böse, falsch, aggressiv", lösen. Sie spaltet unsere Welt in zwei Teile.

Erinnern wir uns an die Geschichte des Sauriers, der noch unbeschwert und animalisch-fröhlich lebte, bis er mit dem 'bösen' Saurier konfrontiert war. In diesem Moment drang das Bewußtsein des Bösen, des 'Anderen' in ihn ein. Hier entstand individuell die bewußte Unterscheidung "gut/böse" und blieb bis in den heutigen Menschen erhalten. Es ist falsch, Adam und Eva als fremde Menschen zu sehen, die für sich alleine die Frucht der Erkenntnis (es gibt Gutes und Böses) aßen und uns dann die 'Erbsünde' irgendwie übertrugen. Wir selbst haben diese Erbsünde entwickelt, und zwar ab dem Moment, in dem wir unsere Ablehnung von Bösem, Schmerz, Tod, Gewalt erkannten, was uns nicht davon abhielt, anderen Schmerz und Tod zuzufügen. Dieses Handeln wider besseres Wissen weckte Schuldgefühle. Auch die Gegner wehrten sich, wurden selbst schuldig, und die Spirale geht bis heute ... Das Paradies scheint verschlossen, in uns existiert dennoch die uralte Sehnsucht weiter, gesund und ganz wie einst zu sein. Deswegen haben wir unsere unschuldigen animalischen Leben nicht vergessen.

Die Überwindung der Spaltung

In der Reinkarnationstherapie löst sich diese Verstrikkung. Man erfährt, es gibt nicht Leben oder Tod, sondern Leben und Tod. Auch andere Polaritäten, die nicht echt sind, sondern nur in unserer gespaltenen Wahrnehmung existieren, lösen sich auf. Aus transpersonaler Sicht ist es sinnlos, für Staatsgrenzen oder gegen Regierungsformen zu kämpfen oder zu streiten, welchen Gott man wie anbeten soll. Alle Flüsse fließen ins Meer, auch wenn sie unterschiedlich aussehen. Doch wenn man seine Kräfte zu sehr für Abwehr und Vermeidung dessen verwendet, wovor man Angst hat, und was man nicht will, kann man sie nicht zur eigenen Entwicklung einsetzen. In der Reinkarnationstherapie können wir lernen, über die Polarität "gut/böse" hinauszugehen. Sie existiert nur durch unsere entsprechenden Ängste. Nach den Sitzungen hatten die Übenden eine neuartige Sichtweise der Wirklichkeit. Sie "sahen" ihre eigenen Hoffnungen, Ängste, Schwingungen, nun aber losgelöst von den dazugehörigen Objekten. Sie waren weniger nach außen hin abhängig. Sie spürten sich neu als ihre eigene Dimension in ihrer Wirklichkeit. So wurden sie unabhängiger von ihren gewohnten Polarisierungen, Wertungen und Identifikationen.

Diese Entwicklung von Intuition ist eine Bewußtseinserweiterung und führt zu einer gelösten Transformation der Wirklichkeit. Sie verändert die Auswirkungen unserer Körperalchemie und stärkt unser Immunsystem. Alte, längst verdrängte, aber noch vorhandene Schuldgefühle werden aufgelöst und dadurch entstehen neue Kräfte.

Aus den Erfahrungen auf meinem Weg und mit meinen Klienten weiß ich, daß körperliche Gesundheit, seelisches Glück und Freiheit, d.h. die Unsterblichkeit des Geistes, in uns als Ganzes angelegt sind. Unser Höheres Selbst weiß das und will uns weiterführen. Mit seiner Hilfe werden Leben und Tod ein wunderbares, einheitliches Ganzes, das wir selbst frei gestalten können.

Schlußbetrachtung

Im Märchen gibt es immer wieder eine verbotene Tür, die man nicht öffnen darf, aber genau die muß erkundet werden. Bliebe die verbotene Tür für immer verschlossen, gäbe es nichts Neues. Dies gibt immer wieder Energie zu Anstrengungen, uns zu entdecken. Heute spüre ich, daß gerade in einer gewissen Entfremdung, (materiell: Krankheit, seelisch: Depression, Trauer) die unser innerer Führer uns immer wieder schickt, der Antrieb zu unserer Entwicklung und Heilung liegt. "Komm durch immer neue Lebensphasen zu dir ..." So kommen wir immer wieder zu neuen Versuchen des Ausgleichs innerhalb unserer drei Dimensionen: animalisch-körperlich, seelisch (gut und böse) und geistig-lichthaft. Jedes neue Leben, das wir führen, eröffnet neue, bessere Möglichkeiten.

Mit dem Schreiben dieses Buchs und in der Arbeit mit den Klienten ist mir vieles klarer geworden. Ich habe meinen inneren Führer und seine Wunschbilder dankbar akzeptieren gelernt. Jetzt zeigt er mir viele Dinge - natürlich die, die er will. Und was will er? Es ist so einfach ... Er will, daß wir Eins sind. Mit Ihm, seinen Aspirationen, mit der Natur und den Menschen, mit dem Bild in der Meditation, mit dem Gefühl, älter und alt zu werden. Mit dem Tod. Mit dem, was danach kommt. "Alles geschieht, gib deine Ängste und deinen Widerstand auf, erst dann bekommst du geschenkt, was du wirklich willst ..."

Diese Botschaft steht überall geschrieben und gilt für alle Menschen. Auf der Reise durch Jahrmillionen ist jeder Augenblick ein einzigartiges Hologramm, das alles enthält: uns in der Welt, die Welt in uns. Ich möchte mich bei allen, die mit mir auf dem Weg waren und sind, bedanken, daß ich diese Erfahrung mit ihnen teilen durfte.

Anhang - Hinweise zur Praxis

"Möge ich von Geburt an gehen und sprechen können und die Macht des Nichtvergessens und der Erinnerung an frühere Leben erlangen."
Das Totenbuch der Tibeter

Nachdem Du nun über die faszinierenden Möglichkeiten des Umgangs mit den heilenden Kräften aus unseren früheren Leben informiert bist, möchte ich abschließend noch konkrete Handreichungen zur Praxis geben. Wer Erfahrungen als Praktizierender von Meditation, Autogenem Training oder Yoga hat, wird finden, daß die Rückführung sich nahtlos mit diesen Erfahrungswegen verbinden läßt.

Die Reise in die früheren Leben kann man in folgende Teile gliedern:
1) Die Entspannungsphase, 2) das Lösen vom Hier und Jetzt, 3) die Zeitreise, 4) das Erleben früherer Leben, 5) die Rückkehr ins jetzige Leben.

Die Entspannung

Nachdem zuvor Erwartungen und Ziele abgeklärt wurden, beginnt die erste Phase der Entspannung. Sie dient auch der Einstimmung des Klienten auf die folgende Passivität, auf das Zuhören und auf das Zulassen der auftauchenden Phänomene. Meine Handhabung dieser Phase ist relativ ungezwungen und frei. Ich arbeite mit Suggestionen, die sich auf den Körper bzw. seine Teile beziehen. Ich gehe durch den Körper des Klienten und spreche ihn als warm, gelöst, schwer, entspannt, ruhig, sich wohlig anfühlend usw. an. Dabei weise ich darauf hin, daß der Klient diese Hinweise einfach nur als Angebote betrachten darf, wie er sich möglicherweise fühlen kann. Wenn er Wärme hört, aber noch Kälte fühlt, so ist dies eben nur eine Form der angesprochenen Wärme. Oder wenn er sich noch unruhig fühlt, ist das ein Teil einer von mir angesprochenen Ruhe, die sich bald einstellen wird. Diese freie Methodik gilt für den Verlauf der gesamten Sitzung. So kann es zu keinem Konflikt zwischen meinen Anweisungen und den tatsächlichen Erfahrungen des Klienten kommen. Der Klient erhält auf diese Weise Vertrauen in die Richtigkeit seiner Wahrnehmungen und kann sich wirklich und total auf das einlassen, was ihm geschieht.

Das Lösen vom Hier und Jetzt

Mit ausgewählten akustischen Signalen (Obertöne, Monochord, Zungenklavier) leite ich zur zweiten Phase über. Sie soll vor allem Sicherheit und Vertrauen in die Situation der Sitzung bewirken. Der Klient bekommt gesagt, daß alles Äußere ihn nicht mehr betrifft und daß alles, was störend auf ihn einwirken könnte (wie Geräusche von Flugzeugen, Autos etc.), von nun an unwichtig ist. Er kann sich sicher und geschützt seinen Wahrnehmungen überlassen. Ist der Klient so von der Umwelt abgeschnitten, tritt bereits eine Lösung von der üblichen Zeit- und Raumbindung ein. Zusätzlich verwende ich noch Bilder wie: Der Klient befindet sich in einer ihn schützenden Kristallkugel, oder eine Schere schneidet ihn von seinen Kontakten zur

Außenwelt ab. Das Gefühl von Zeit- und Raumlosigkeit wird so verstärkt und abgesichert. Tatsächlich werden danach manchmal unvermeidbare Störungen (Hund kratzt an der Tür, Hagel an den Fensterscheiben, Handwerker im Haus) vom Klienten während der Sitzung völlig negiert.

Die Zeitreise

Nach weiteren akustischen Signalen (s.o.) lade ich den Klienten ein, sich mit einem Wirbel oder Sog zu verbinden, der ihn mitnimmt und dem er sich völlig anvertrauen kann. Er löst sich in dem Wirbel auf wie etwa ein Stück Zucker, das man in Wasser einrührt. Dieser Wirbel trägt ihn an den Eingang eines Tunnels (Röhre, Kanal, Passage), dessen Wände aus Zeit sind. So gleiten Tage, Wochen, Monate an ihm vorbei, während er sich immer weiter zurückbewegt. Alles, was er jetzt spürt, geschieht in dem Abschnitt von Zeit, in welchem er sich gerade fühlt. Um den Eindruck des Wirbels zu verstärken, verwende ich variierende Wortimpulse wie Strudel, Spirale, sich einbohren, wieder Schwung aufnehmen. Wichtig sind einfache, plausible, bildhafte 'Transportmittel', die den Klienten immer weiter in seine Vergangenheit, die ihm als Gegenwart 'entgegen' kommt, führen. Diese Phase ermöglicht positive, befreiende Erfahrungen wie sich lösen, schweben, gleiten, fliegen etc. und bewirkt ein echt spürbares Gefühl einer Bewegung. Richtig durchgeführt, ist dieses Zurückgehen nicht schwierig, ich habe es auch in Abendkursen der Erwachsenenarbeit vorgestellt: als die Teilnehmer im Abschnitt 'Alter sieben Jahre' waren, schrieben sie ihre Namen - in ihrer Kinderschrift! Nachdem Kleinkindalter, Geburt, Monate im Mutterleib und Zeugung passiert sind, geht die Erfahrung des Wirbels einfach weiter, ich spreche nun von der Umgebung als von

Wolken, Sternen, weiten Räumen, Vorhängen, Türen, die sich öffnen und durch die der Übende gleitet. Seine Empfindungen sind nun in der Regel körperloses Gleiten, Bewegung im All, im Nichts, er reist jedoch immer weiter durch die Zeit. Ist der Klient bis hierher vorgedrungen, kann ich sicher sein, daß nun Informationen aus früheren Leben auftauchen werden.

Das Erleben früherer Leben

Mit einem zuvor verabredeten Handzeichen signalisiert der Klient jetzt, daß etwas da ist. Nun gilt es, ihn auch in den damaligen Körper eintreten zu lassen. Ich lenke mit Fragen auf seine Situation hin und erweitere so seine Wahrnehmungen: was tut er gerade, in welcher Körperhaltung befindet er sich, aus welcher Perspektive betrachtet er die Umgebung, wie sind die Temperaturen, ist er im Freien oder in einem geschlossenen Raum usw. Dann lade ich ihn ein, zu spüren, was er als nächstes tut oder was anschließend geschieht. Damit drehe ich die Wahrnehmungszeit. Der Klient ist bis jetzt zurückgegangen, er geht nun wieder in der 'positiven' Zeit vorwärts und erfährt, was ihm weiter passiert. Ist der Klient fest im Geschehen verankert, lasse ich ihm Muße, dieses Leben mit meiner Hilfe zu explorieren. Wir können innerhalb eines Lebens auch an verschiedenen Punkten einfädeln, um nach bestimmten Motivationen und Entwicklungen zu forschen. Meine Praxiserfahrung verleiht mir hier die Intuition zu spüren, was für den Klienten wichtig ist.

Die Rückkehr ins jetzige Leben

Sie sollte sorgfältig und in aller Ruhe durchgeführt werden. Der Klient fühlt sich sehr weit weg, und deshalb soll für ihn der Weg zurück in die Gegenwart mit aller Konsequenz spürbar sein. Ich schlage meist vor, der Übende möge sich eine Brücke oder einen Regenbogen vorstellen, dessen eine Basis da liegt, wo er sich gerade befindet (im früheren Leben) und dessen anderes Ende sich in der Jetztzeit gründet. Er kann dann nach Belieben den Bogen über alle Zeit hinweg so lange benutzen, bis er wieder über Zeugung, Geburt und Kindheit im jetzigen Körper angelangt ist. Dies kann er mit einem Räuspern kundtun. Dann zähle ich bis drei und gebe noch unterstützende Suggestionen ("Alles bleibt erinnerlich, es macht Spaß, in der Zeit zu reisen, evtl. schwierige frühere Situationen haben keine Wirkung mehr," etc.). Wird das Auftauchen zu schnell forciert, kann dies einen leichten Schwindel zur Folge haben, der aber rasch vergeht.

Soweit sei das Geschehen in einer Sitzung kurz skizziert. So traumhaft anders die Erfahrungen der Klienten während der Rückführung sind, so real und fast handwerklich gediegen müssen die angewandten Praktiken sein. Einige Einzelheiten möchte ich der Vollständigkeit halber noch ansprechen, nach ihnen werde ich immer wieder gefragt.

Blockaden, Hindernisse

Diese sind Teil der Imagination des Klienten und können als Berge, Mauern, Engpässe etc. auftreten. Sie werden überwunden, indem man suggeriert, der Klient bewegt sich wie auf einer Umleitung um sie herum und geht dann weiter. Oder er wird von einer Wolke aufgenommen und über sie hinweggetragen. Steckenbleiben wird dadurch gelöst, indem man angibt, der Klient ist bereits weitergegangen und befindet sich an einem anderen Zeitpunkt, wo das Hindernis nicht mehr besteht.

Gruppenrückführungen

Sie werden oft zu unrecht kritisiert. Wann hat man schon einmal wirklich Muße, sich seinen inneren Phantasien hinzugeben? Ich gebe ungefähr eine Stunde Zeit für die ersten drei Phasen, dann erkundige ich mich beim einzelnen Teilnehmer, was er gerade erlebt, und helfe weiter. Nach zwei Stunden beende ich die Sitzung. Etwa vier Fünftel der Gruppe war dann in einem früheren Leben, der Rest empfindet die erlebte Entspannung als sehr angenehm. Subjektives Zeitgefühl: "Das war höchstens eine knappe Stunde!"

Die Gruppen sollten jedoch nicht zu groß sein.

Obertöne (Extended Voice)

Sie sind eine wunderbare Begleitung der Reise, und ihre Erlernung wird zunehmend in Kursen angeboten. Wie man sie sich selbst aneignen kann, zeige ich in meinem nächsten Buch, das sich mit dem Atem (mit der Seele atmen, der positive Atem) befaßt.

Erwartungshaltung

Man muß sie sorgsam umgehen. Sie führt dazu, daß der Klient sich zu sehr bemüht, alles richtig zu machen, und sich dann zu wenig entspannt. Statt sich zu genau an das zu halten, was ich sage, erkläre ich den Klienten, sie sollen mir zuhören wie einem Hörspiel oder einem Musikstück, von dem man sich davontragen läßt ...

Unangenehme Erfahrungen

Ich zwinge niemanden, sie anzusehen, aber selbst wenn ein Klient sich ihnen verweigert, kommen sie trotzdem in einer anderen Sitzung hoch. Es ist eine kathartische Reinigung, sie noch einmal zu durchleben.

Klappt die Rückführung bei jedem?

Ja. Frühere Leben sind bei jedem Menschen vorhanden. Allerdings haben sehr gestreßte Menschen Schwierigkeiten mit dem Abschalten.

Jahreszahlen, Ortsnamen

Sie sind für das Leben selbst sowieso unwichtig. Ich kann es ja nicht sehen oder spüren, wie der Ort heißt, in dem ich lebe, oder in welchem Jahr ich gerade bin.

Rechtliche Seite

Jeder Mensch hat das Recht, sich rückführen zu lassen und dafür Geld zu bezahlen. Solange dabei keine vertragsähnliche Absprache über Heilung etc. getroffen wird, ist die Rückführung Bestandteil des kulturell-künstlerischen Spektrums unseres Lebens.

Hypnose

Ich verwende keine Suggestionen wie Schlaf, tiefes Versinken etc., die einen Kontrollverlust des Klienten bewirken. Der dennoch erreichte hypnoide Zustand beläßt dem Klienten Handlungsfreiheit. Er ist nie machtlos oder 'ganz weg' und kann sich nach der Sitzung an jede Einzelheit erinnern.

Nachsorge

Da die Rückführung wie ein subjektives Aha-Erlebnis wirkt (deshalb bin ich so, geschieht mir das), ergibt sich die Integration des Erlebten von alleine. Dann träumen die Klienten positiver oder spüren neue Lebensimpulse. Dies wird selbstredend in den weiteren Sitzungen besprochen.

Andere Methoden, symptombezogene Methode

Natürlich erweitere ich immer mein Repertoire. Meist helfen mir meine Erfahrungen, die Rückführungen noch besser und direkter zu gestalten. Manchmal, wenn ein bestimmter Punkt interessiert, gehe ich auch nach der themenbezogenen Methode vor. Mit dieser ist man meist in fünf Minuten in einem früheren Leben angelangt, d.h. wir sind nur fünf Minuten von Mittelalter oder Steinzeit entfernt ... Channeling praktiziere ich nicht, da hier der Klient seine früheren Leben nicht selbst erlebt.

Echtheitsbeweise

Die Echtheit der früheren Leben steht für mich fest. Man fragt sich allerdings manchmal, was ist überhaupt echt, was ist Phantasie, was ist Konstrukt an unseren Leben ...

Muß man denn immer wieder inkarnieren?

Wenn wir wirklich erleuchtet wären, könnten wir in unseren Körpern ohne das Gefühl körperlicher Zwänge und Abhängigkeiten leben. Wir wären dann im Körper und dennoch nicht inkarniert. Diese totale Befreiung ist möglich und Ziel der meisten Religionen. Praktisch heißt das, bei jeder Inkarnation sollten wir darauf bedacht sein, alte Zwänge abzulegen.

Weitergabe der Erfahrungen

Natürlich möchte ich, daß sich Menschen mit den hier vorgestellten Methoden im Sinne dieses Buches positiv verändern können. Wer mich zum Zweck einer Ausbildung oder wegen eigener Sitzungen kontaktieren will, richte seine Anfrage bitte (mit adressiertem und ausreichend frankierten Rückumschlag) an

> Windpferd Verlagsgesellschaft
> Stichwort "Reinkarnation"
> Postfach
> D-87648 Aitrang

um das Seminar- und Ausbildungsprogramm sowie meine aktuelle Adresse zu erhalten.

Dir sei es nun selbst überlassen, zu spüren, welche Kräfte aus deinen früheren Leben in dir aktiv sind. Ich hoffe, wichtige Hinweise für die Suche nach Zuversicht und sinnvoller Erfüllung in diesem Leben gegeben zu haben. Dieses Buch möge Dir helfen, dich selbst mehr und mehr als die gestaltende Kraft deiner Existenz zu erleben.

Walter Lübeck

REIKI - Der Weg des Herzens

**Der Reiki-Einweihungsweg.
Eine Methode der ganzheitlichen Heilung von Körper, Seele und Geist**

Reiki zählt mit zu den heute populärsten esoterischen Erkenntniswegen. Reiki beschreibt die Fähigkeit, universelle Lebensenergie zum Heilen von sich selbst und anderen einzusetzen. In diesem Buch wird genau beschrieben, welche Möglichkeiten durch die direkte Erfahrung der Reiki-Kraft offenstehen. Es beschreibt den Einweihungsweg durch die drei Reiki-Grade, zeigt auf, welche Erfahrungen gemacht werden können und wie sich das Leben durch den fortschreitenden Kontakt mit der Reiki-Energie verändern kann.

176 Seiten, DM 19,80
ISBN 3-89385-070-8

Waltraud-Maria Hulke

Das Farben Heilbuch

Der praktische Umgang mit Farben und ihre Wirkung auf Körper, Seele und Geist

Das Wissen um die Heilwirkungen der Faben auf Körper, Seele und Geist ist so alt wie die Menschheit selbst. Aber gerade heute werden wir uns der machtvollen Bedeutung von Farben wieder verstärkt bewußt, denn sie gehören zu den Energien, denen wir uns nicht willentlich entziehen können, und die uns doch so sehr bestimmen. Dieses spannende Buch bietet eine umfassende Einführung in die Welt der Farben. Hier erfährt man alles, was man über Farben im täglichen Leben wissen sollte, wobei im Vordergrund die praktische Anwendung der Farben in allen Lebensbereichen steht.

192 Seiten, DM 19,80
ISBN 3-89385-071-6

S. Sharamon / B. J. Baginski

Das Chakra-Handbuch

Vom grundlegenden Verständnis zur praktischen Anwendung

Dieses Buch bietet eine umfassende Anleitung zur Harmonisierung unserer feinstofflichen Energiezentren. Das Wissen um die Chakren vermittelt uns tiefe Einsichten über die Wirksamkeit der subtilen Kräfte im menschlichen Organismus. Zur praktischen Chakra-Arbeit beschreibt das Buch präzise eine Fülle von Möglichkeiten: die Anwendung von Klängen, Farben, Edelsteinen, Mantren und Düften mit ihren spezifischen Wirkungen auf die einzelnen Energiezentren, ergänzt durch verschiedene Meditationen, Körperübungen, Atemübungen, Naturerfahrungen

256 Seiten, DM 19,80
ISBN 3-89385-038-4

John Mann und Lar Short

Der feinstoffliche Körper

Einweihung in Theorie und Praxis der Erweckung des Energiekörpers

Jeder Mensch besitzt einen feinstofflichen Energie-Körper, aber nur wenige wissen von seiner Existenz, sind in der Lage, ihn bewußt wahrzunehmen und praktisch zu erfahren.
Kundalini, Chakraenergie, Meridiane, die drei Körper, Aura, das dritte Auge, Nadis, Tantra, Yantra, Yidam, sind Begriffe, die in unmittelbarem Zusammenhang mit den Phänomenen des feinstofflichen Körpers stehen, und die in dem umfassenden und reich illustrierten Werk von John Mann und Lar Short klar und einprägsam erklärt werden.

219 Seiten, DM 19,80
ISBN 3-89385-072-4

Ursula Klinger Raatz

Reiki mit Edelsteinen

Mit universaler Lebenskraft und den lichtvollen Kräften edler Steine zur ursprünglichen Harmonie finden

Ursula Klinger-Raatz, Autorin des weltweit erfolgreichen Bestsellers »Die Geheimnisse edler Steine« verbindet in »Reiki mit Edelsteinen« zwei natürliche, heilsame Kräfte zu effekt-voller gemeinsamer Wirkung. Während Reiki - die universale Lebenskraft - körperliche und seelische Funktionen wieder in ursprüngliche Harmonie bringt, konzentrieren Edelsteine lichtvolle Kräfte und Farbschwingungen in den Chakren, deren uneingeschränkte Funktion für Vitalität und Wohlbefinden von ausschlaggebender Bedeutung ist.

160 Seiten, DM 19,80
ISBN 3-89385-067-8

Maggie Tisserand

Die Geheimnisse wohlriechender Essenzen

Bezaubernde Düfte für Schönheit, Sinnlichkeit, Inspiration und Wohlbefinden. Aromatherapie für Frauen

Die überarbeitete und wesentlich erweiterte Neuausgabe des Best- und Longsellers von Maggie Tisserand. Ein Grundlagenwerk zur alltäglichen Verwendung der Aromatherapie. Maggie Tisserand hat dieses Buch speziell für Frauen geschrieben und ihre praktischen Ausführungen sind eine Einweihung in die Geheimnisse der bezaubernden Düfte, die sich jede Frau zunutze machen kann. Die Hinweise, Aromen zum Wohlbefinden einzusetzen, sind in persönliche Erfahrungen eingebettet und mit Rezepten erweitert. Ein totales Praxisbuch.

240 Seiten, DM 19,80
ISBN 3-89385-021-X

Marcia Starck

So heilt der Kosmos

Planeten und Tierkreiszeichen in ihrer Verbindung zu Klängen, Kristallen, Edelsteinen, Aromatherapie, Blüten und anderen Naturheilmitteln

Die Stellung der Gestirne zum Zeitpunkt der Geburt bestimmt unsere Energie, unsere Stärken, Schwächen und Krankheitsdispositionen. Zu jeder Zeit unseres Lebens haben wir aber die Möglichkeit, viele Dinge positiv zu verändern. Mit Hilfe dieses Buches können wir entdecken, wie wir unser körperliches, seelisches und geistiges »Fahrzeug« in einen harmonischen Zustand zu bringen. »So heilt der Kosmos« ist ein wertvoller Ratgeber für all jene, die sich über die derzeit wichtigsten Heilmethoden mit ihren Anwendungsmöglichkeiten informieren möchten.

288 Seiten, DM 24,80
ISBN 3-89385-074-4

Alexander Gosztonyi

Das Vaterunser

Die Entwicklung des Menschen im Lichte des Evangeliums

Ein neues Zeitalter mit neuen Perspektiven ist angebrochen. Gerade heute begeben sich viele Menschen auf die Suche nach dem eigentlichen Gehalt des Christentums, sind bereit, sich der Transzendenz seiner Botschaft zu öffnen. Das Buch von Alexander Gosztonyi vermittelt tiefe Einsichten in die wirkliche Bedeutung des Evangeliums, der Lehre des Jesus von Nazareth. Es bietet die Möglichkeit, durch tiefe Einsicht in verborgene Zusammenhänge sich ein neues, anderes Bild von Gott und der Welt zu schaffen, den Sinn, der in der Tiefe allen Geschehens liegt, wiederzuentdecken.

384 Seiten, DM 24,80
ISBN 3-89385-216-6

Vasant Lad

Das Ayurweda Heilbuch

Eine praktische Anleitung zur Selbst-Diagnose-, Therapie und Heilung mit dem ayurwedischen System

Diese praktischen Anleitungen zur Selbst-Diagnose-, Therapie und Heilung beruht auf einem jahrtausendealten System, auf der "Wissenschaft vom Leben". Neben den philosophischen Grundlagen dieses östlichen Medizinsystems enthält dieses Heilbuch viele Diagnose und Behandlungsmöglichkeiten, Ernährungshinweise und Ratschläge zur Lebensführung sowie das Wissen um die Wiedererlangung und Erhaltung der Gesundheit.

192 Seiten, DM 19,80
ISBN 3-89385-003-1

Vasant Lad / David Frawley

Die Ayurweda Pflanzen-Heilkunde

Das Yoga der Kräuter Anwendung und Rezepte ayurwedischer Pflanzenheilmittel

Dieses Buch stellt die ayurwedische Pflanzenheilkunde als eine hierzulande praktizierbare Naturheilmethode vor. Beim Ayurweda werden die pflanzeneigenen Energien individuell den menschlichen "Konstitutionen" zugeordnet und entsprechend angewendet. Das Buch ist auf praktische Anwendung ausgerichtet und gibt Diagnoseanleitungen und Rezepturen mit bei uns heimischen oder gebräuchlichen Pflanzen.

320 Seiten, DM 24,80
ISBN 3-89385-002-3